毎日がうまくいく朝のスイッチ

大嶋信頼
心理カウンセラー

あさ出版

はじめに

みなさんは朝に何か決まってやることはありますか？

私は毎朝、左足のかかとをマッサージすることをルーティン（習慣）としています。これをやると自然と全身が整い、自信に満ち溢れた1日を送ることができます。その理由は本文に詳しく書いていますので後ほどゆっくりと読んでいただければと思いますが、私がこれを毎朝続けるのは、1日のスタートを大事にしているからです。

心が曇ったどんよりとした1日より、心晴れやかな1日をすごしたい、誰もがそんなふうに思っていることでしょう。

その1日の質を決めるのが「朝」だと私は思っています。

ということで、この本では、

「気持ちとパフォーマンスがアップする」
「人間関係がラクになる」
「もっと自分らしく生きられるようになる」
を軸に1日の質を上げてくれる様々な方法を「朝のスイッチ」として紹介していきます。

これらスイッチは、実際に私がやっていることや試してみて効果があったものをセレクトし、みなさんにおすすめするものですが、全部をやる必要はありません。自分の目的と自分の生活スタイルにあった方法を選んで、朝のちょっとした時間に試してもらえればそれで大丈夫です。

また、本書には各スイッチのやり方とその効果とともに、みなさんがイメージしやすいよう、「他人に振り回されるストレスフルな生活から解放された人」や「相手のことを考えすぎてしまい何もできない自分に悩んでいた人が、自分らしく生きられるようになった」などのケースも掲載しています。

それらは私の経験や私がこれまでカウンセリングしてきた中でのケースにアレンジ

を加えて紹介するものです。「ケースは人それぞれの感じ方だから」と言われるとそうかもしれませんが、世の中に生きづらさを感じる多くの人たちに共通する部分を中心にピックアップしていますので、読んでもらえればきっと共感いただけることも多いのではないかと考えています。

全部で25ある「毎日がうまくいく朝のスイッチ」は、どれも簡単で、かつ短時間でできるものばかりです。このスイッチを朝のルーティンとして試しているうちに、どこか重荷が取れたように心が「フッ」と軽くなっている自分がいることに気づくでしょう。そして、本来の自分を取り戻し、楽しく、美しく毎日をすごすことができるようになります。

この本を読んだ一人でも多くの人が、そのような素晴らしい毎日を送っていただけることを心から願っています。

Chapter 1
気持ちとパフォーマンスがアップするスイッチ

Contents

Chapter 2

人間関係がラクになるスイッチ

Contents

Chapter 3

もっと自分らしく生きるためのスイッチ

Contents

毎日がうまくいく
朝のスイッチ

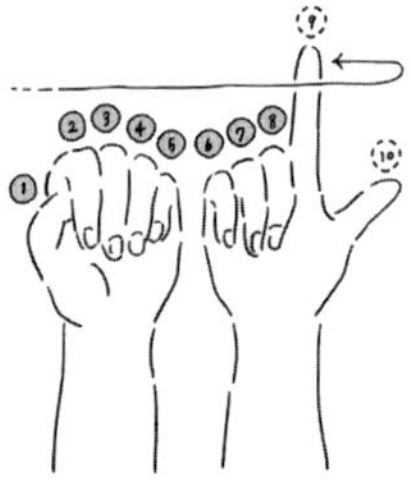

Chapter 1

気持ちとパフォーマンスがアップするスイッチ

考えすぎの状態から自分を解放するスイッチ

目が覚めた瞬間、
脳を流れる電気信号に注目

朝、目覚め、頭がボーッとして「さあ起きなきゃ！」と思っているその時、自分の脳に3分間だけ注目してみましょう。脳には血流があって、脳細胞の間にはたくさんの電気信号が流れています。その電気の流れに注目してみるのです。

やり方は簡単で、「起きた時の脳に流れる電気に注目する」と思って、脳に注目してみるだけ。目を閉じたままでも、開けたままでもかまいません。

3分間、脳の電気信号に注目していると、「1日のスケジュールが浮かんできた！」とか「今日会う人の顔が浮かんだ」といった状態になり、布団から自然に起き上がれるようになります。

さらに1日の生活の中で「なんか面白いことないかな？」とか「ちょっといいアイディアが欲しいな！」と思った時に、あの布団の中での3分間を思い出してみます。つまり、朝の脳の状態を再現するのです。すると「あんな面白いことがあったじゃん！」とか「いいアイディアが浮かんだかも！」などと、ワクワクしてきます。

逆に「なんか嫌なことばかり頭に浮かんでくるぞ」とか「不安なことがたくさんある」などの時にこの状態を思い出すと、「まあ、いいか！」とか「なんとかなりそう」と、くよくよ考えずにすむようになります。

✦ひらめき脳＝デフォルトネットワークを起動する

脳細胞の間にたくさん流れている電気信号は、計算をする時は、計算をする脳の部位に、掃除をする時は、空間認識をする脳の部位に、人のことを思い出す時は、人の記憶を引き出す脳の部位に、といった具合に目的ごとにそれぞれの部位に集中して流れています。

ただ「すごいことをひらめいちゃった！」という時は、一部の脳ではなくて、脳全体に電気信号が流れているのです。そのひらめきの脳の状態を**デフォルト・モード・ネットワーク**と言います。

言い換えれば、「何かいいアイディアを出さなきゃ！」とか「この部屋をなんとかしなきゃ！」と思っていても、「あれ？　何にも出てこないぞ？」とか「部屋を片付けられるイメージがちっとも浮かんでこないや！」といった具合に何もひらめきが起きないのは、脳の一部に電気信号が集中してしまっているからというわけです。

ではなぜ朝なのでしょう？

本当だったら「あ！　ひらめいた！」という瞬間に「この脳の状態を記憶しておこ

う！」とできればいいのですが、「ひらめいた！」となった次の瞬間には人は興奮してしまうのでそれがなかなかできません。

実はひらめきの脳の状態であるデフォルト・モード・ネットワークは**「ボーッとしている時と同じ状態」であることが脳の研究でわかっています。**

だから、朝起きた瞬間がいいのです。寝起きのボーッとした状態の時に、「脳に流れる電気信号に注目する」のはデフォルト・モード・ネットワークの状態を覚えておく、という狙いがあるわけです。注目する時は、目を閉じたままでも、開けたままでもかまいません。「起きた時の脳に流れる電気に注目する」と思って、脳に注目するようにしてください。ある人は「脳の血管の拍動が感じられる」、ある人は「たくさんの人や過去の記憶の場面が次から次へとものすごい速さで切り替わる」というふうに、感じ方は人それぞれです。

ただ、多くの人は「脳に流れる電気信号に注目する」、と言われたって何も浮かんでこない」となるかもしれません。そうした人は「何も浮かばない」という〝無〟の状態がデフォルト・モード・ネットワークだと思ってください。きっとあなたを「考えすぎのごちゃごちゃした頭」から解放してくれることでしょう。

ひらめき脳で頭の切り替えができるようになったAさん

Aさんは、会社で一生懸命に働いているのに「自分だけちっとも認めてもらえない」と悩んでいました。何も考えていないような同僚のアイディアが採用されるのに、なぜか一生懸命に考えたAさんの考えはいつも採用されずに却下される。「なんでなの〜」と思っていたところに、「脳を流れる電気信号に注目する」朝のスイッチを教えてもらいます。

「朝はぱっと目が覚めちゃうから、ボーッとなんてしてないんだよな」と思いながらも、朝、目覚ましを止めてから「脳を流れる電気に注目」と唱えながら脳に注目してみます。すると「おー、なんかいっぱいごちゃごちゃ動いている」と、いろんな考えや思考がうごめいているように感じられ、その状態に3分間集中してみました。

「こんなことをやっていて意味があるのかな？」と考えそうになってもできるだけスイッチの内容に注目して、3分後にベッドから起き上がってみると、いつもだったら「あれはどうしよう？」とか「あの仕事はどうしたらいいんだろう？」と考えながら朝の用意をしていたのが、「あれ？　何も考えないで動いている」と、テキパキと出勤の準備を終えてしまいます。

職場に行っても考え込むことなく、自然とメールの処理をして、書類を作成して、電話対応をする、ということができてしまいます。

さらに、周りの人たちのことがあんなに気になっていたのに、それが気にならなくなって目の前の仕事にだけ集中することができてしまいます。

「なんかいいアイディアがないかな？」と思った時には「朝の脳の電気の流れを思い出して……」とやってみると、あれこれ考えることなく「ひらめいた！」とさくっと一枚の紙に簡単にまとめて上司に提出することができ、すぐに採用！

「えー、あんないい加減なものでいいの？　そっか！　あの何も考えていないような人の意見が採用されて出世するのって、脳の状態がいつもデフォルト・モード・ネットワークだったんだ！」とちょっと悔しくなります。

そして、いつものように「もっと早く使っておけばよかった～」と後悔しそうになるのですが、「朝の脳の電気の流れ」を思い出すと簡単に後悔の状態から抜け出し、いつの間にかすっきりとした脳へと切り替えることができるようになっていました。

嫌だった毎日が楽しいに変わっていくスイッチ

前の日から
バージョンアップしている
ポイントを５つ挙げる

歯を磨いている時でも顔を洗ってる時でも、化粧をしている時でもかまいません。昨日の自分を振り返って、バージョンアップしたポイントを5つリストアップします。

スマホやコンピューターを使っていると、定期的に「バージョンアップされてここの箇所が変わりました」というリストを見ることができます。これと同じで昨日の自分を振り返って、「その前の自分と比べてどこがバージョンアップしている？」と5つ探してみるのです。

例えば「1つ、野菜を切る時の包丁さばきがうまくなった」、「2つ、人の話を聞く時に落ち着けるようになった」、「3つ、昼食時によく噛んで食べるようになった」、「4つ、書類を書き込むのに以前よりも躊躇《ちゅうちょ》がなくなった」、「5つ、以前だったら面倒くさい、と思ってやらなかったことを先に終わらせた」などというように。

バージョンアップですから「変化」は何でもかまいませんし、自分の感覚で大丈夫です。とにかく「何でもいいから5つ」という感じで自分の中で探してみましょう。

今朝「書類の提出が早くなった」とリストアップしていたものが、次の日には「書類の提出がさらに効率アップして早くなった」ということでもOKです。自分の感覚で、さらに早くなった、ということだったらそれもバージョンアップです。

バージョンアップを5つリストアップしたら、スマホなどに記録していきます。ただ、それを読み返したり、参照したりする必要はありません。なぜなら、バージョンアップは積み重ねていくものだから、過去のものはもう古いから見返す必要がないのです。

✦バージョンアップで毎日が楽しくなる

このスイッチにどんな効果があるの？　というとそれは**「どんどん成長して大人になる」**という効果です。大人の私には関係ない？　そんなことはありません。外見が大人に見えても「中身が子ども」になってしまうことがあるのです。

私達は日々、様々な経験値を増やしながら生きているわけですから、なんらかの進化は必ず起きています。

逆に「何も変わっていない」ということになっていたら、それは「退化」していることになります。「退化」というのは、ピンとこないかもしれませんが具体的には「精神的に子どもに戻ってしまう」ということです。バージョンアップを繰り返していくから「進化」で大人になることができるけれど、バージョンアップが起きなければ「退化」で子どもに戻ってしまうのです。

中身が子どもに戻ってしまった、というのでも自分が楽しければそれでいいのですが、退化して子ども返りが進めば進むほど、外に出るのが怖くなり、やがて「お母さんのお腹の中に戻りたい！」というところまで戻ってしまいます。「生まれ変わりたい」となってしまう感覚がまさにそれです。

毎日が「ちっとも楽しくない」と思ってしまうのは、バージョンアップがなくなって退化し続け、赤ちゃん状態になってしまっているからかもしれません。だから、バージョンアップした点を5つ挙げるのです。

ある日、スマホに記録したバージョンアップ情報をずっと追っていくと、知らぬ間に子どもの頃になりたかった自分になっている。そんな面白いことが起こるかもしれません。

すべて嫌だった毎日が楽しいに変わっていったBさん

Bさんは「周りの人はいつも楽しそうでどんどん人生が好転しているように見えるのに、自分は中学の時からちっとも状況が変わっていない」と感じていました。

中学の頃からお金は貯められないし、人間関係も最悪で友達と呼べる人が一人もいない。仕事だっていつまで経っても、やりたくもないことをだらだら続けているだけで実家から出ることもできない。

実家から出られないから、女性ともお付き合いをすることなんて考えられない。「こんな人生最悪」と毎日のように嘆いていたのです。

そんなBさんが「バージョンアップのポイントを5つ挙げる」というスイッチに挑戦してみることにしました。

Bさんは「自分の人生何もいいことがないから、バージョンアップなんて起きてないでしょ」、と思っていたのですが、とりあえずバージョンアップのポイントを5つだけ歯を磨きながら考え、「何でもいいか！」と適当にリストアップをしてみることにしました。

ためしに「1つ、以前よりも上司の目をちゃんと見るようになった」と挙げてみます。すると「おー！ こういうことか」とちょっとコツがわかった気持ちになって、「2つ、母親との精神的な距離が空けられるようになった」と浮かんできます。

確かに、以前だったら「母ちゃん、勘弁してよ！」と何かにつけて文句を言っていたのが「バージョンアップ」のことを考え始めてから「距離を空けよう」と思ったのか、文句を言わなくなって、スルーできるように変わっていました。

「3つ、昼食を楽しんで食べられるようになった」と思い浮かんだのも「バージョンアップのネタを探さなきゃ」と前日から気にしていたから。

「4つ、仕事中に嫌な顔をしなくなった」、そして「5つ、職場でも家でも元気よく挨拶をするようになった」と浮かんできた時には「子どもかよ！」と突っ込みたくなったけれど、スマホのメモに音声入力で記録を残します。


このスイッチを毎朝続けていると「あれ？　姿勢が良くなったかも？」とBさんは、職場の窓に映った自分の姿にちょっと驚きます。

そして、以前よりも服装に気を使うようになり、「これも明日のネタだ」と思いながら、自分の変化が嬉しくなります。そして、気がついたら「貯金が貯まってきている！」と新たなネタが――。

このままだったら、実家から引っ越しができるかも、と希望が出てきたBさんは、いつの間にか、女性社員とも仲良く話ができ、それまで一切誘われても行かなかった会合にも参加する意欲が湧いてきます。そして、「これも明日のネタだ！」とバージョンアップのネタをリストアップし続けるBさんに変わっていきました。

毎日のストレスから解放されるスイッチ

起きた時の自分の思考をモニターする

モニターは、「何か変化が起きていないかどうか、状態を定期的に観察し点検すること」。「思考をモニターする」このスイッチでは、起きた時に自分の頭がどんなことを考えているのかを観察してみます。

ポイントは自分が思考していることを「○○している」という感じで客観的な表現で、感情を排除し、自分自身に淡々とフィードバックすることです。

例えば、目が覚めた時に「あー、今日のあの仕事嫌だな〜！」と仕事のことが頭に浮かんでいたら「今日の仕事のことを考えている」とモニターして自分自身にフィードバックします。「嫌な仕事」とか「嫌だな〜」という感情を排除してみるのが「モニター」のポイントです。

「変な夢を見たなぁ〜」という感じで夢の内容やその意味を考えている時は、「夢のことを考えている」とモニターします。

「気持ちが悪いな〜」とか「昨日食べすぎちゃたかなぁ〜」と後悔し始めたら「体調のことを考えている」と自分自身にフィードバックします。

こうして淡々と起きた時の思考をモニターしていくと、ストレスを溜め込むことも、増幅させることもなく、心穏やかに1日をすごすことができるようになります。

✦感情を排除しストレスの波紋を広げないようにする

ではどうして淡々と思考をモニターすると、ストレスを溜め込むことがなくなり、心穏やかにすごせるようになるのでしょうか？

例えば、「気持ちが悪いな～」と考えているとしましょう。するとそこからは、「昨日のあれがいけなかったかな？」と後悔が始まり、芋づる式に「会社でのストレスがいけないんだ！」と会社への怒りが湧き出てきたりします。

さらに、今度は「この会社、大丈夫なのかな？」という不安感が出てきて「この先私の人生は真っ暗だ」という感じで絶望的な気分になってしまう――、なんてこともあるかもしれません。

このように**「後悔」という一つの感情から波紋が次々に広がり、様々な感情が揺れ動いて、自分の中で大きくなっていく。そのようにして人はストレスを生み出してしまうのです。**

一方で**感情を排除しながら思考をモニターし、「体調のことを考えている」と言葉にして淡々とフィードバックしていくと、波紋はそこから先には広がりません。**つまり、そこから先の大きなストレスを生み出すこともなく、1日を淡々と心穏やかにすごすことができるようになる、というわけです。

イライラの芽を摘んで人生を楽しめるようになったCさん

Cさんは会社をものすごく慎重に選んで決めたはずなのに「職場にはムカつく人しかいない！」という感じで毎日、ちゃんと仕事をしない人、いい加減に仕事をやる人たちを見てイライラしていました。

そうしてイライラしているといつの間にか四面楚歌になってしまって、ポツンと一人で仕事をしているような感じで誰もサポートをしてくれません。

さらに、一生懸命に職場の改善点や、仕事の仕方の改善を挙げ、もっと効率的に働けるように考えているのに、上司はちっとも話を聞いてくれません。

どの会社に行っても同じような感じで、嫌な人に囲まれて嫌なことしか起きない、Cさんの毎日はそんな嫌な気分でいっぱいになっていました。

そんな時に「思考をモニターする」朝のスイッチを試してみることにしました。

起きた瞬間に「何を考えているんだろう？」とモニターしてみたら、「あいつムカつく～！」といきなり上司や仕事ができないくせに威張っている同僚のことが浮かんでいました。

Cさんは「職場の上司と同僚のことを考えている」と観察したことを頭の中で言葉にしてフィードバックしてみます。

すると次に「今日1日やる仕事が面倒くさい！　なんであんなどうでもいい仕事をやらされなきゃいけないんだろう！」ということが浮かんできます。それも「今日1日の仕事のことを考えている」と言葉にしてフィードバックします。

そんなふうに感情抜きにしてフィードバックしていくと、「あれ？　いつもだったら朝起きた時に頭が痛くなるのに今日は痛くないかも！」とちょっとびっくり。

通勤時には、いつもだったらイライラして読めなかった本が読めるようになっていました。

さらに職場に行っても淡々と仕事をこなして、家に帰ってきた時には「あれ？　あまりストレスが溜まっていない！」と気づきます。いつもだったら大量のスナック菓子が必要なのにそれが要らなくなっていたのです。

Cさんは次の日の朝も思考をモニターしてみることにしました。

すると「父親の介護の不安が～」と親の体調の問題がいきなり浮かんできたので、「父親の体調のことを考えている」と言葉にしてフィードバックします。するとその思考は不思議と消え、今度は「これから先の自分の将来が不安！」「年老いたらどうなってしまうんだろう？」と考え始めます。そこで「将来のことを考えている」と言葉にしてフィードバックをするとそれも消えてしまいました。

このように頭の中が静かになっていくと、周りの人が気にならなくなり、職場でも自分の仕事に集中することができて、さっさと仕事を終わらせて早く帰ることができます。そのうちCさんは毎日の生活で「あれ？そんなにストレスを感じていないかも！」と気づき、「自分のやりたいことは何？」と考え始めるようになりました。

そうして見つけた趣味を通して知り合った人たちと友達になるなど、Cさんは自分の生活を楽しめるように変わっていったのです。

迷い、不安、緊張をリセットするスイッチ

起き上がったら太陽を基準に
方角を体で確認する

どの時間帯でも、晴れていようが曇っていようが、起きたらまず、太陽の方向に体を向けて「自分の顔が向いているのが東」、「背中を向けているのが西」、「右肩は南を向いていて」さらに「左肩は北を向いている」という具合に体で方角を確認していきましょう。

これは、朝起きた時に「テンションが下がっている」とか「気持ちが乗らないな」という時や不安な時、緊張を強いられている時におすすめのスイッチです。

朝起きて「なんかテンション下がってるな」とか「気持ちが乗らないな」とかいったものは思い込みであることが少なくありません。それに対し方角を体で確認するのは客観的な行動となります。気分的な思い込みを客観的な行動で打ち消すのがこのスイッチの狙いです。

これを習慣にしていくと、迷った時、不安になった時、緊張した時などでも「太陽の位置はどこ?」、そして「自分の体は今、どの方角を向いている?」と身体を使って東、西、南、北、と確認することで、不思議と迷いや不安が消え去り、緊張がとけて、流れのままに身を任せることができるようになります。

✦客観的な情報（行動）で主観を打ち消す

焦ってパニックになっている人に「ほら！　深呼吸をして、吸って、吐いて」と促すと「あれ？　さっきまでのパニックがちょっと収まったかも？」となりますよね。

これは、「息を吸って、吐いて」という自分が無意識でやっている動作に注目することで、「私は焦っている」とか「パニックになっている」という思い込みから解放され、本来の自分に立ち戻ることができる、そんなメカニズムなのです。

それと似たようなことで**「方角を体で確認する」という客観的な行動で思い込みを外す**のがこのスイッチです。

「緊張している」というのが思い込みの主観であったとすると「自分の体が向いている方向は東」というのが客観的な情報になります。

客観的な情報を体を使って確認していくのを習慣にすると、いつの間にかこの動作をするだけで、**思い込みの主観が打ち砕かれ、素の自分に戻ることができる**ようになります。

人の目が気にならなくなり緊張から解放されたDさん

Dさんは、いわゆる「ドジっ子」ですぐにパニックになってしまいます。

会社では、普通に使っているつもりなのにパソコンを壊すは、お客様の取次を間違えてパニックになるはの日々。家でも皿を洗っていると手を滑らせてパリンと割ってしまう。だから、食器棚にあった皿がどんどんなくなってしまって、百円ショップで買ったお皿ばかりになっていく。

こんな調子だからいつも朝起きた時から、気分が憂うつで「あーあ、今日も嫌なことが起きるんだろうな」と考えてしまいます。そして、だらだら用意をしていると「遅刻しちゃう！」と早く起きたはずなのに、焦って支度をすることになり「忘れ物をした！」と玄関から出ては何度も戻ってくるような毎日でした。

そんなDさんが朝のスイッチとして「起き上がったら太陽を基準に体で方角を確認する」ことを始めました。

方位磁石を買わなくても「スマホのアプリがあるから便利！」とDさんは起きてすぐスマホのアプリで太陽の位置を確認し、東の方角に体を向けます。

ベッドに座って「目の前の壁が東」「背中側が西」という具合に確認していきます。今まで方角なんか気にしたこともなかったのですが「あー、キッチンは西を向いているんだ！」ということがわかります。

左肩が北だから玄関とトイレは北側。そして右肩が南だから「ベランダは南側なんだ！」ということがわかります。

そうしているといつもだったら「会社に行くのが憂うつ」とか「支度が面倒くさい」となってしまうのがいつの間にか消えていくような感じがしました。

これをルーティンとしてやっていると、会社でも仕事をしていて焦ってきた時に「自分が座っている方向は東」と自然と方角を確認するようになり、前のような焦りもなくなって、冷静にその場で判断することができるようになっていきました。

不思議なのは、方角を確かめながら仕事をしていると、「人の目や評価が気にならなくなってきた」となって緊張しないで自分のペースで仕事ができるようになっていたことです。「もしかして、今まで仕事で失敗を繰り返していたのは人の目を気にしていたから？」というのが方角を確認するようになってわかってきたのです。

さらに、家で食事を作っている時も「自分がフライパンを握って向いている方角は西」とやっていると、いつもの料理を作るのが面倒くさい感じがなくなって、てきぱきと料理ができる。皿を洗っていても「この方角は西で自分は東に背中を向けて皿を洗っている」といつの間にか身体を使って方角を確かめているから「あれ？　皿を割らなくなっている！」とびっくりします。

するとだんだん心の余裕が出てきて「なんか楽しいことをしたいな！」と思えるようになり、資格の勉強をするようにもなりました。

Dさんは「自分は覚えるのが苦手」と思っていたけれど、今机に座って向いているのが「東南」そして背を向けているのが「北西」という具合で体で感じていると、いつの間にかそんなことも気にならなくなり、次第に資格の勉強が楽しくなってきて「合格しちゃった！」とこれまで自分では無理だと思ったことが簡単に達成できるようになっていきました。

自分のやるべきことに力を集中するスイッチ

今の自分の生きる目的を
頭の中で言い切る

「今の生きる目的は？」と誰かに聞かれたら答えに困ってしまいませんか。私もです。ただ、単純に何も考えずに答えてみたらどうでしょう？

「家族を養うために生きる」でもいいし、「お金を稼ぐために生きる」というのもありです。「おいしいものを食べるために生きる！」だっていいでしょう。「真実を追究するために生きる！」というのもかっこいいかもしれません。

お子さんがいたら「子どもを立派に育てるために生きる」もありですし、年配の方は「孫の顔を見るために生きる」でもいいでしょう。

イエスキリストだったら「神の御心のために生きる」となっていたでしょうし、ブッダだったら「無を生きる」というのがそれになるのかもしれません。

何が正しいか間違っているか、というものはなく、また別に人に発表する必要もないので、「今の生きる目的」を自分で決めればいいのです。

ただやることは、それを朝起きた時に頭の中で言い切ってしまうということ。

「お金を稼ぐために生きる」というのが、不健全だとか、意地汚いだとかいう外野の声はどうでもいいのです。

自分がそう思ったら、朝起きた時に「私はお金を稼ぐために生きる」と堂々と言ってしまいます。

✦自分のやるべきことに集中できるようになる

このスイッチの効果は**「自分が持っているエネルギーを一点に集中することができる」**というものです。

例えば「家族を守るために生きる」とこのスイッチで宣言してしまえば「家族に関係ないことは必要ない！」という感じで近所のおばさんの噂話に心を揺さぶられなくなります。なぜなら家族に危害が加えられなければいい、とエネルギーがフォーカスされるから。

「お金を稼ぐために生きる」と宣言してしまえば「ムダな買い物はしない！」と貯金が楽しくなってきます。

そうすると上司の悪口などはどうでもよくなって、自分の職能を上げることに集中することができ、上司に適当にゴマをすることだって苦じゃなくなります。

誰が、自分の給料を上げる評価をしてくれるのかがわかるようになると、そこにエネルギーを集中することができて、ブレることがないから仕事を楽しめるようにもなっていくでしょう。

このように、**毎朝宣言することで自分のやるべきことのすべてに迷いがなくなり、**

ムダなことをしなくなり、どんどん目的に向かって努力を積み重ねることができるようになっていきます。

「美しくなるために生きる」でストレスから解放されたEさん

Eさんは、すぐに人の話を真に受けてしまって、人に振り回されてしまいやすいタイプでした。

友達が失恋話で悩んでいたら、その話を真に受けて聞いてしまい一緒に悩んでストレスを感じる。でも、その友達と次の週に会ったら「え？　あれだけ悪口を言ってたのに元に戻ってしまったの？」と愕然とし、「私のあのストレスと悩んだ時間はなんだったんだ？」と虚しくなってしまいます。職場でも同僚の上司に対する悩みの相談にのってあげていると、いつのまにか「自分が陰口を言っている」などと噂になりストレスを感じ転職活動を始める……。

そんなことがある度に、もっと人の話の奥がわかる人間にならなければ、と思って本を読もうとするのですが「ちっとも内容に集中できない」となって、最後まで読むことができず、いつも買った本はムダになっていました。

そんな時に「生きる目的を確認する」朝のスイッチをやってみることにしました。「私の生きる目的は？」と考えてみると、「私って人を助けるために生きてきた感じがする」と初めは思ったのですが、そのせいでストレスをためてドカ食い。いつの間にか贅沢ボディーになっていて、誰からも見向きもされない醜い存在になっていた自分に気づきます。

「私はいったいなんのために生きたらいいの？」と思ったEさんの頭に浮かんできたのは「美しくなるために生きる」ということでした。

次の日の朝、目が覚めて「美しくなるために生きる！」と頭の中で宣言をしてみるEさん。「美しくなるために生きる！」と頭の中で言うだけなのに妙に緊張感と恥ずかしさがあります。

でもこのスイッチをルーティンとして続けていくと「美しくなるために生きる」というのがだんだん言いやすくなっていきました。

するとEさんは「あれ？ 本を手に取って読んでいる！」と自分の変化におどろきます。その理由を考えてみると、姿勢を正して本を読んでいる姿が美しい、と思ったからでした。さらに、本を読んで「美しいかも！」とその中の登場人物の生き様に美しさを感じることができるようにもなります。

就職面接に行っても「美しい会社に入る」と思ってその会社を見た時に、「ここは違う」と思えばきっぱりと断ることができ、最終的に自分が理想とする職場に入ることができました。

就職後もEさんは「美しく生きる」をルーティンとして続けていたからか「人の悪口を聞くことは美しくない！」と感じるようになって、そのような話を相手にしなくなります。そうしたら、ストレスを職場であまり感じなくなり、帰ってからドカ食いをしなくなりました。

ドカ食いをしなくなったら、だんだん歩くのがラクになってきて、朝は2駅歩いて出勤しよう、と朝早く家を出るようになり、お通じも良くなり、どんどん痩せて美しい本来の自分の姿に戻っていきます。

元の体型に戻った姿を鏡で見ながらEさんは、「生きる目的のスイッチって面白いかも！」と、「美しく生きる」というスイッチをずっと続けていこうと思ったのです。

自分を縛りつける意識（しがらみ）から解放されるスイッチ

座った状態で
あらゆるしがらみを
脱ぎ捨てるイメージをする

朝起きたら、布団の上であれば正座かあぐらで、ベッドであれば横に腰掛けて目を閉じます。

そして、両方の腕を曲げて掌を上に向けて肩の横あたりにもっていったら、その手をゆっくりと上げて、自分の頭にのしかかるたくさんのしがらみを持ち上げていきましょう。手はできるだけ水平にして目を閉じたまま、自分の頭にのしかかっているしがらみを掌にのせた感じで真上まで腕を伸ばしたら、その持ち上げたしがらみをゆっくりと自分の正面に置いて自分から切り離してしまいます。

イメージ的には大きな着ぐるみの頭の部分を持ち上げ、脱ぎ捨てる感じです。

人間関係のしがらみとは「(自分の)足を引っ張るもの、邪魔をするもの」です。

これがあると「自分がやりたいことができない」とか、新しいことをやりたいと思っても「でも、だって」という感じで二の足を踏んでしまいます。

自分が自由な方向へと行こうとすると、しがらみとなっている人間関係が邪魔する。

それが目に見えるから「そんなことやってもムダ」という感じになってしまうのです。

このスイッチはそんなしがらみを脱ぎ捨ててしまい、ラクに生きるためのものです。

✦ 戦うことをやめるから淡々と動けるようになる

「私は今誰とも交流がないからしがらみはない」という人でも、**過去の人間関係やネットで繋がっている人たちが知らないうちにしがらみになって、ありとあらゆる可能性を見えなくしてしまっている**。そんなことは少なくありません。

初めて就職した時も「この会社で頑張ってやるぞ！」とあんなに熱い思いがあったのに、働けば働くほどしがらみが増えていき「ちっとも思い通りに働けなくて楽しくない」となってしまうのです。

しがらみというものは「自分がなんとかしなきゃ！」とか「自分の力で新しい道を切り開かなければ！」などと思っていればいるほど、しつこく絡みついてきます。

能力や志が高かったり、責任感が強かったりすればするほど、しがらみに邪魔され身動きが取れなくなってしまうのです。

このスイッチは日本の「兜を脱ぐ」という言葉のイメージと近いものがあります。「兜を脱ぐ」とは「相手に降参する」という意味がありますが、しがらみを「邪魔してくる人たち」とすれば、その人たちとは「戦いません！負けました！」という感じです。

負けを認めて兜を脱いでしまえば、しがらみになって重くのしかかってくる人たちから自由になれる――。そうなんです！　頭の中にまとわりついてくる人たちといつまでも戦っていたら、そのたびに邪魔をされてしまいます。

でも**「参りました！」と兜を脱いで、戦う必要がなくなると、しがらみから解放されて自由に動くことができるようになります**。

しがらみが少ない人は「戦うことをしない人」で淡々と自分のペースで好きなことをやれてしまいます。一方で、しがらみが多い人は、いつも誰かと心の中で戦っている。それをこのスイッチで変えてしまいましょうというのです。重くのしかかってくる人たちを自分の頭から切り離して自由になれば、自分の人生をしっかりと自分の足で楽しく歩くことができるようになります。

しがらみを脱ぎ捨ててやる気があふれてきたFさん

Fさんは「これからのキャリアのために資格を取らなければ」と思って、資格試験の勉強を始めました。でも、これまで何度もテキストを買って頑張ろうとしても、「仕事が忙しいから」とか「仕事で嫌なことがあったから」、さらには「家族からダメ出しをされてやる気をなくした」などと理由をつけて勉強することができません。時間を決めて勉強すればよいこともわかっているのです。だから「朝早く起きてやろう」と思っても「昨日、残業で遅くなったから今朝は無理」とか「だるいから今朝は無理」とあんなに前日は「明日こそやるぞ！」と固く決心をしていたのに、やっぱりできません。Ｆさんは「自分は意志が弱いから試験勉強ができないのかな？」「この状態から抜け出したくないからやらないのかな？」と悩むようになっていきました。

そんなＦさんが「しがらみから解放される朝のスイッチ」を試してみることにしました。それは、もしかしたら、会社の同僚とか家族がしがらみとなって、自由に資格の勉強をすることを邪魔しているのかもしれない、と思ったから。

翌朝、目覚めてすぐに、Ｆさんはベッドに座って目を閉じたまま、両肩の横で掌を上に向け、そのままできるだけゆっくりと上げていきました。

両手が目線の辺りを通過する時に、（目は閉じたままなのに）目の前が明るくなっていく感じがして、そこからちょっと腕を持ち上げるのに抵抗を感じます。Ｆさんは「これがしがらみかもしれない」と思いながら、ゆっくりと両腕を天に向けて伸ばしていきました。そして、腕が伸び切ったところで、自分の頭の上にのっかっていた重いものを置くようにイメージします。

すると「あれ？　頭が軽くなったかもしれない」とぐるぐるいろんなことを考えて嫌な気分になっていたいつもの朝の感覚が取れたような気がします。

そして、いつもだったらテレビの情報番組を見てしまう時間に、「ちょっと勉強してみるか！」と資格のテキストを広げて勉強を始めたではないですか。

しかも家族がちょっとでも音を立てるとすぐ集中できなくなってしまっていたのに、その日は集中力が途切れることなく1時間も続けられてびっくり。「もしかしたらまぐれかもしれない」と次の日も同じようにこのスイッチを試してみたら「あれ？　また軽くなってしがらみから自由になったかも！」と勉強に集中することができます。

これを毎朝ルーティンとして続けるうちに勉強時間が延びて集中力も上がっていき、Fさんはとうとう資格試験をパスしてしまいました。

資格を取って「やっと、この職場から抜け出せる」と思い、心が軽くなったFさんは、「なかなか勉強ができなかったのは本当は自分のせいではなくてしがらみのせいだったんだ！」と思うとどこかスッキリしたような気持ちになりました。

自分へのダメ出しを抑え最高のパフォーマンスを引き出すスイッチ

2分間、自分の体にタッチして
エールを送り続ける

朝、今日1日で一番活躍をしてほしい体の部位にタッチしてタイマーを2分にセット。「今日1日よろしくお願いします」とはげます感じでエールを送ります。

「今日1日は頭を使う必要があるな！」と思ったら、両手を頭に置いて「今日1日よろしくお願いします」とエールを2分間送り続けます。

力仕事が必要な1日だったら、掌で腕を握ってエールを送り続けます。

歩く必要があったら足に手を置いて2分間エールを送ってあげます。

指先の器用さが必要になる仕事があるとしたら、左手を下にして、右手の指をその中に治めるような感じで軽く握ってあげてエールを送って、「人の話をよく聞かなければ」という場合は、両方の耳を掌で押さえ……。

と挙げればきりがありませんが、この自分の体にエールを送る朝のスイッチには自分への「ダメ出しを抑え、最高のパフォーマンスを引き出す」という効果があります。

ダメ出しは体を動かなくする？

人には意外と「身内に対しては厳しい！」という傾向があります。

ダメ出しをしている本人たちは「成功させたい」「間違った方向に進ませたくない」

と思っているかもしれませんが、実際には言葉がキツすぎて、身内を失敗の方向に陥れていることがあるのです。

たぶん、無自覚なのだと思うのですが「褒めてあげて、応援してあげたらつけ上がる」などと余計な心配をしてダメ出しをしてしまうのです。

これは自分に対しても同じことが言えます。例えばそのダメ出しを「自分の体」に対してするとしたらどんなことになるでしょうか？

「もっと成長したい」と頑張っている自分に、「何でもっとちゃんとできないの！」とか「どうしてちゃんと力を発揮できないの！」や「何ですぐに疲れちゃうの！」とダメ出しをする――。これは自分に対してものすごく酷いことをしてしまっている可能性があります。なぜなら**ダメ出しをし続けてしまうことで体内では炎症が起きやすくなってしまう**からです。

ダメ出しをされて炎症が起きると「本来の能力が発揮できない」となって、さらにダメ出しをすることになるという悪循環に陥りやすくなります。

多くの人は「言葉のダメ出しなんてたいしたことない」と思っているかもしれませんが、殴った時に炎症が起きてアザになるように、ダメ出しでも体の中ではしっかりと炎症が起きてしまいます。

そこで「自分の体にエールを送る」のです。

自分自身へのダメ出しをエールに変えると、1日頭がちゃんと働いてくれるようになったり、腕や足が思い通りにちゃんと動いてくれたりと、最高のパフォーマンスをしてくれるようになります。そうしたら、さらに朝のスイッチで**エールを送ることが楽しくなり、体内の炎症がどんどん減っていき、本来の自分らしく生き生き動き回り、働くことができる**ようになっていきます。

頭へのエールで周りがクリアに見えてきたGさん

Gさんには「いつも頭がちゃんと働かなくてダメな選択ばかりしちゃう」という悩みがありました。仕事でも「ここがチャンス！」という場面で頭が真っ白になって「あー、せっかくのチャンスを台無しにしちゃった」と後になってものすごく後悔します。片付けもきちんとできないし、部屋の中は散らかり放題。帰ってくるとすべてが面倒くさくなって、何もできず「疲れた」とソファーでウトウトして時間があっという間に過ぎ、寝る時間が短くなってしまいます。

人間関係も「そんな人と付き合ったらダメでしょ」と友達から言われるような人と

付き合ってしまい、ものすごく傷つけられてしまうということの繰り返し。傷つけられてもダメ出しをされても、相手を切り離すことができずに、どんどんGさんはボロボロになっていくのです。

そんなGさんが「自分の体にタッチしてエールを送り続ける」朝のスイッチをやってみることにしました。

なぜならGさんの頭はいつもモヤモヤしていていてちゃんと働いていない感じがあったから。Gさんは朝、タイマーを2分にセットし、頭に手を置いて「今日1日よろしくお願いします」と頭にエールを送ってあげます。

何度か繰り返しエールを送っていたらGさんの目から大粒の涙が溢れてきます。「あー、私って自分に対してダメ出しばかりしていたけれど、考えてみれば人からもダメ出ししかされてこなかったな～」と思ったのです。

そんな感じでこのスイッチを続けていると、Gさんは「あれ？ なんで私ってこんなに私を大切にしてくれない人を周りに置いているんだろう？」ということに気がついたのです。

その後も毎朝のルーティンとして頭にエールを送っていたら、どんどん周りがクリアに見えてきて「傷つけてくる人たち」から自然と距離を置くようになります。

するとGさんの頭はますますクリアになって「どんどんお金を稼ぐ方法が浮かぶ！」と本領が発揮できるようになっていきます。

「なんでこの才能をもっと前から発揮できなかった？」とダメ出しをしそうになったら朝のスイッチを思い出します。するとGさんは自分の頭に対して「私のためにちゃんと働いてくれてありがとうございます」という気持ちになれて、さらにお金儲けを楽しめるようになっていったのでした。

後悔することがなくなり1日が充実するスイッチ

今日1日を走り終えた
自分に注目する

1日の仕事や家事などを全部こなした状態をマラソンになぞらえ「走り終えた自分」として、朝起きた時に、その自分に注目することを朝のスイッチにします。

やり方は、「走り終えた自分に注目する」と起きがけに唱え、

今日1日の仕事が終わったらどういう状態なの？

今日1日の家事が終わったらどうなっている？

ということを考えてみます。

仕事でも家事でも「気が重いな〜」とか「億劫だな〜」ということがありますが、終わってしまえば、やる前にあった気持ちの重さや心配事は一切なくなっていることが多いものです。

その「走り終えた自分」に注目するようになると、これから起こることへの気持ちの重さや、不安が軽くなるだけではなくて、「あー、こうすればよかったな〜」とか「もっとあれができたはずなのに」と、走り終えた自分がきっと反省しているだろうこともしっかりと取り入れて、後悔のないように行動することができてしまいます。

1日を楽しむために未来を予測する

私は子どもの頃に「これから先に起こることを予測できたらいいのに！」というような超能力に憧れたことがあります。

もちろん大人になって「そんなの現実にあるわけないじゃん！」となるわけですが、時折、不思議なことが起こります。それは「あっ、この場面見た！」というふうに夢の中で見たことが現実に起こっていて、「ここで、私がこれをしたから失敗したんだ」と夢で見たことを思い出して、夢と別の選択肢を選んだら「やった〜！」と失敗を回避できるというようなことです。これが「毎日使えたらいいのになぁ〜」と思うのですが、めったにそんな夢にお目にかかることはありません。

でも、もしかしたら、人には「未来の自分からメッセージを受け取る力」があるのではないか？と子どもじみたことを思うわけです。でも、この「子どもじみたこと」がとても大切だったりします。

子どもの頃はたくさんの夢があったけれど大人になっていくにつれ、「どんどん現実に埋れて夢も希望もなくなっていく」という毎日。そうした日々を送っているうちに、いつの間にか自分の人生はある程度決まっていきます。そして、そこには、「これ以上はない」という確信のようなものがあって、それが自己暗示となって「ちっとも私の人生は好転しないじゃない！」と流れていってしまうのです。

この走り終えた自分に注目するスイッチは、そんな凝り固まった大人の思考から、「幼子のような夢を取り戻す」ものと言ってもいいかもしれません。

先にも書いたように、実際に**「1日を走り終えた自分」に注目してみると、それが起きた時にどんなに「億劫だな～」とか「不安だな」と思っていても、「あれ？そんなに気にすることはないかも」**と思えてしまいます。

さらに「1日を走り終えた自分」に注目をすると「今日はパートナーに気を使ってみようか」などと不思議なひらめきが起こったりします。

そうなると、短かった1日があの幼子の時のように長く、充実した感じになり「もっと楽しみたい！」「こうすればもっと楽しくなるかも！」というワクワク感がよみがえってくるのです。大人になって忘れてしまっているけれど、夢や希望って子どもの頃にはたくさん持っていたもので、それを思い出すことで脳は若返ります。**脳が若返ると、いろんなことに、いろんな可能性が見えるようになってきて「これも、あれもできるかも！」と1日の可能性がどんどん広がっていきます。**さらには夢が実現してしまうなんてことも。また、若返った脳は小さなことでも喜べたり楽しめたりできるようになりますので、どんどん人生は豊かになっていくことでしょう。

仕事の予測ができ、毎日が楽しくなっていったHさん

Hさんは介護の仕事をしていて、朝起きた時から「嫌だな〜」となってしまうのは、仕事が大変だから。ただ、「仕事が大変」と言っても、毎日やることは変わらず、同じことの繰り返しなのですが「やることが変わらない」のと「相手も自分も何も変わらない毎日」というのがわかり切っているのが嫌で「今日も1日大変だな」と思って仕事に行くのが嫌になってしまうのです。

Hさんはこれまでも何度か転職してきましたが、その度に「無難な仕事」「問題が起きない職場」という感じで仕事を選んできました。なぜならHさんは、葛藤とか、自分が何か変化を起こすことが嫌いなのです。しかし、何も変わらない、というのも苦痛で仕方がありません。

そんなHさんが「今日1日を走り終えた自分に注目する」スイッチを試してみるこ

とにしました。さっそく朝起きた時に「嫌だな」とか「億劫だな」と思ったその時に「走り終えた自分に注目する」と唱えてみます。

実際に何か具体的なことが浮かんだわけではないのですが、「あれ？少し気持ちが軽くなった！」となったから不思議な気持ちになります。ただ、その時は「まあ、暗示だろう」と支度をして家を出ました。

職場に着くと朝一番に職員から「あなた、日誌を昨日ちゃんとやっておかなかったの！」とさっそく注意。その時に「あ！ここで言い訳をしたら面倒くさいことになる！」とひらめいたHさんは「すみません！すっかりやるのを忘れてました！」と一切言い訳せずに笑顔で返すことができました。すると「気をつけてね！私も忘れることがあるけど」と軽く注意されただけで終わります。

「なんだかちょっと違うかも！」と面白くなってきたHさんは、しばらくこのスイッチをルーティンとして続けていたら、「走り終えた自分」に注目した瞬間に「あの利用者さんに気をつけなきゃ！」などとひらめくようになります。

そして、職場に行ってスイッチで浮かんできた利用者さんを気にかけていたら「救急車を呼ばなきゃ！」という状況になっていて、上司から「Hさんよく気がついたね！あのまま放置していたら大変なことになっていたかも！」と褒められ、仕事が楽しくなっていきました。

さらに職場の人たちが慌てている時でも「あっ！　これは別に慌てる必要がないぞ！」とHさんは冷静に判断することができてしまいます。そんな冷静に判断をするHさんを見て職場の人は一目置くようになり、Hさんは、仲間と助け合って仕事ができるようにもなっていきました。

また、仲間と雑談をしている時も「あっ！　これ以上話をしないほうがいいかも！」と適当な距離が取れてラクに仕事ができるようになっていきました。以前だったら、どこまで相手との距離を詰めたらいいのかがわからなかったから、いつの間にか息苦しい関係になっていたのです。

「あ！」と気がつく一つ一つのことは小さなことなのですが、それが「未来の自分がちゃんと助けてくれている」と思うとHさんはなんだか一人だけじゃない心強さを感じて、毎日自信を持って楽しく行動ができるようになっていきました。

Chapter 2

人間関係がラクになるスイッチ

他人に振り回されない人になるスイッチ

鏡の中の自分と
5分間向き合う

朝、起きてから顔を洗う前でも後でも、お化粧をする人はその前に、鏡の中に映る自分と5分間向き合ってみましょう。

鏡の中の自分の目を見て、そして鏡の中の自分がしていることをモニターしてあげます。「息を吸って、そして吐いて」や「瞬《まばた》きを2回した」「鼻がピクピク2回動いた」「唇を固く閉じた」、「右頬の筋肉が上がった」など、5分の間にいろんな自分が鏡に映ります。それをモニターするのです。

もちろん、鏡を見ていると自分の顔に対してダメ出しをしたくなることもあります。ただ「左の目のほうが小さい」とか「毛穴が目立つ」などと鏡の中の自分に対してダメ出しをしたくなっても、自分がしていることをモニターし続けてください。「きれい」とか「ブッサイク」という評価みたいなこともしたくなるかもしれません。それもそのままにしてモニターを続けます。

すると、次第にダメ出しはなくなり「息を吸った、吐いた」という当たり前の動きに注目をすることができるようになってきます。できるならば、5分間のタイマーをセットすると、より鏡の中の自分に集中できます。これを習慣づけてやると、人に振り回されない自分自身の感覚を取り戻すことができるようになるでしょう。

自分の表情がわかれば感情が自然に伝わるようになる

たぶん、多くの方が「私は自分自身の感覚で生きている」と思っています。でも、**常に気にしているのが他人の表情だったり他人の気持ちだったりするのです**。

一人でいる時でも「職場のあの人はなんで私にあんな態度を取ったんだろう？」と職場の人の表情や言葉が頭に残って気にしてしまいます。テレビを観たら「タレントさんは何を考えているんだろう？」と知らずのうちに考えています。家族と一緒にいても「あれ？私のことを嫌っているのかな？」と嫌な気分になることもあります。

今、自分がどんなことを感じているんだろう？と自分自身が感じていることを、いつもきちんと感じられるのが「自分の感覚で生きる」ということです。

「今、私は何を感じているの？」と自分の感覚で生きられるようになっていくと「心の中は静か！」と驚くほど心が凪《なぎ》の状態になります。

このスイッチを朝のルーティンにしていけば、周りの人がどんな状態であっても「自分の感覚で生きる」ということができるので、周りに振り回されることがなくて「淡々と自分がしたいことができる！」となります。

もっと興味深いのは「自分の感覚で生きる」ということができるようになると「周りの人に邪魔をされなくなった！」という不思議なことが起こります。

以前だったら「嫌だな」と思っていても、心とは裏腹に「笑顔」になっていた。しかし、朝5分、鏡の中の自分の顔をモニターし続けていると言葉を使わずにきちんと自分の内面を表情として相手に伝えることができるようになります。

みなさんは、「自分の表情はコントロールできている」と思っているかもしれませんが、実際は心とは裏腹な表情をしてしまいます。

そして、それを相手がこちらの意図とは違う受け取り方をしてしまう。それが周りから邪魔をされる原因であったりするわけです。

それが、このスイッチを習慣づけてやっていると**次第に自分の顔も自分の内面と一致して、不快なことも、意欲や喜びも、こちらの思っていることを相手にストレートに伝えることができるようになり、人に邪魔されることがなくなっていく**のです。

自分を表現して自由に生きられるようになったＩさん

Ｉさんは、長年実家暮らしで、仕事も転々としていました。

仕事をやっていると「なんで私がこんな仕事をやらなきゃならないの」とストレスが溜まり、体調を崩して「だめだ、もう続けられない」と辞めてしまう。そんな繰り返しだったようです。

家では、母親が食事を作ってくれていて、いつも「こんなに量を食べられないから、少なく作って」とお願いしているのですが、2、3日すると「また、元の量に戻っているよ！」という感じでストレスが溜まり、体重のコントロールができなくなります。部屋は片付けられなくなって、物がたくさん積み重なっていて床も見えません。そんな生活が嫌で「引っ越して一人暮らしをしたいな」と思うけれど、仕事が続けられないからお金がちっとも貯まらない、という悪循環から抜け出せずにいたのです。

そんなIさんが「鏡の中の自分と5分間向き合う」スイッチを試してみました。Iさんはそれまで「自分の感覚で生きている」と思っていたけれど「ちっとも自分の思うように生きられないのは、自分の感覚で生きていないのかも」と疑うようになったのです。

スマホで5分間のタイマーをセットして、鏡の中の自分とにらめっこ。「なんでこんなことをしなきゃいけないんだ！」と最初は5分間がものすごく長く感じられて拷問のようでした。

「ブサイクな顔だな」とか「こんなに太っちゃって」とダメ出しが次から次へと湧いてきますが、そのままずっと見ていると次第にネタが尽きて何も浮かんでこなくなります。そうすると「息を吸っている、吐いている」と鼻から息を吸って、そして吐き出す様子を頭の中でモニターできるようになりました。

また、頭の中で、「仕事」と思った時に、左目の横の筋肉がピクッと引きつります。いつも自分は仏頂面をしている、と思っていたのですが「口の横の筋肉を上げると笑顔になるじゃん」と自分の笑顔を初めて見たような気がします。

私ってこんな笑顔ができるんだ、と改めて自分の感覚を再認識していく。これを続けていると、仕事の面接に行けば即採用。そして、それまでは職場でものすごく周りの人に気を使っていて「孤立感」を感じていたのに、「あれ？　周りが気を使ってくれる」と面白いことが起きます。

「この職場がいいのかな？」と楽しく仕事ができるようになるIさん。家に帰って、食事を取る時に「お母さんがちゃんと食事の量を減らしてくれている」とこれまで散々言っても聞いてもらえなかったのが、すんなり変わっていて驚きます。

家族といても自分が感じていることが、自分の表情から家族にきちんと伝わる。口の横の筋肉が緩んでいなかったら「不快」だから、自分の部屋に戻ってすぐに寝てしまう。すると、どんどん元気になり、部屋もきれいになっていきます。

そして、職場ではIさんがやりたかった仕事をやらせてもらえることになって、その仕事にも集中できるように……。

いつも途中で嫌になってしまっていたのは、自分の感覚で生きていなかったから、と気づくことができたIさんは自分の感覚で生きることで、自分の思ったように動くことができて、どんどん自由になって、自分の顔を見るのが苦痛ではなくなっていったのです。

理想と現実のギャップに悩む自分から解放されるスイッチ

理想の自分（右手）と
現実の自分（左手）を
１つにする

朝起きたら、ベッドでも床の上でもあぐらをかいて、または椅子やベッドに座って、両ひざの上に掌を上に向けて置きます。

広げた右手の掌には「理想的な自分の姿」を置きます。

この時「理想的な自分の姿」がしっかりイメージできるのであれば、そのイメージを掌の上にのせてください。イメージできない場合は右手の掌に注目しながら「理想的な自分の姿」と言葉で思うだけでも大丈夫です。

そして、左手には「現在の自分の姿」をイメージして、掌にのせます。これも同じように「現在の自分の姿」と左の掌に注目しながら思うだけで大丈夫です。この右の掌の「理想的な自分の姿」と左の掌の「現在の自分の姿」をゆっくりと、そしてだんだんと近づけていって、やがて胸の前で掌を合わせます。

両手を合わせた時に「本来の自分の姿」というものが浮かんできます。別に何も浮かばなくても両手を合わせた時の感覚だけでもかまいません。その感覚が「本来の自分の感覚」となります。

朝のスイッチで「本来の自分の姿」や「本来の自分の感覚」を確認してから1日をスタートすると、他人の暗示から解き放たれて自由になっていきます。

自分を縛る暗示から自由になる

「やりたいことがあるのに、自分の思うように動けない」とか「どうして自分はこんなにダメなんだ」などとなっている時は**「理想の自分」と「現実の自分」がかけ離れている**可能性があります。

私も「完璧に部屋を片付けなければいけない」とテキパキ掃除している自分の姿が理想でした。でも、実際は、そこに落ちている丸まったティッシュペーパーさえ拾うことができない。「片付けなきゃ」と思っても動くことをしないで口ばかり。

片付けることばかり考えているのに、ちっとも行動に移すことができない私は、まさに「理想と現実がかけ離れすぎている」状況だったのです。

ただ「現実」の自分は本来の自分ではなく、実は現実の自分の姿と思っている「だらしない人間」（私の場合）は、家族や他人から作り上げられた姿なのです。

私は子どもの頃から「あんたは片付けができない」とか「だらしない」や「いい加減な人間」と何かにつけて親から叱られ、罵倒されていました。

しかし、親から遠く離れて一人暮らしを始めたら「ものすごく自分はきれい好きだった」ということがわかって、急に片付けられるようになりました。

その時気づいたのが、「あれ？　片付けられなくてだらしない人間って親からの暗示だったの？」ということでした。

親は子どもに暗示をかけて「だらしない人間にしよう」と思っているわけではなくて「だらしない人間になって社会で人様の迷惑になってしまうのでは？」という心配から「そうならないように」という思いで「だらしない」とか「片付けができない」とダメ出しをします。それが暗示になって「現実の自分」を作り出してしまうのです。

一方で、**人間には「バランスを取る」という恒常性の仕組みがありますので、どちらかに振れると必ずプラスマイナス0にしようとします**。

つまり、「マイナスな現実の自分」だったら「プラスの理想的な自分」という姿を作り出してしまうわけです。そうしてできた、現実と理想のイメージの間で「ちっとも動けない！」となるのです。

だから、このスイッチで**プラスとマイナスのイメージを統合して自分を縛る暗示を解いてしまおう**というのです。

そうすれば「本来の自分」がだんだんと見えてきます。本来の自分は誰かに作り上げられた偽りの姿ではなくて、本当の自分の姿。それが一番ラクな姿であって、自由に動けるようになるのは当たり前のことなのかもしれません。

すぐに逃げたくなる自分から解き放たれたJさん

小学生のお子さんがいるJさんは「嫌なことからすぐに逃げちゃう」というクセがあって困っていました。

子どもたちの授業参観の時も「嫌だな」と思ったら、静かにその場から立ち去りたくなり、授業が終わったら、サッと一人だけ帰ってしまう。そして、後になって他のお母さんから連絡があって「どうされましたか?」と心配されます。

他のお母さんたちから「一緒にお茶をしましょうよ」と誘われても断ってしまい、後になって、それが子どもの友達関係に影響を及ぼしているかもしれない、と不安になってしまいます。また、他のお母さんたちはきれいできちんとしているけれど、Jさんは容姿もみんなよりも劣っているし、魅力的じゃないからみんなから相手にされないはず、あるいは、いいように他のお母さんから利用されて嫌な思いをするに決まっている、と誘われても嫌な気持ちにしかなりません。

そんなJさんを見ているからなのか、ある日、子どもが学校に行きたがらなくなってしまいました。「どうしたらいいんだろう？」「この先ずっと学校に行かなくなってしまったら？」と不安になってしまうJさんですが、自分もどちらかというと家に引きこもっていたい人なので、子どもを説得しようにも「ちっとも効き目がない」とそこでもまた逃げたくなってしまっていました。

そんなJさんが「理想の自分と現実の自分を一つにする」朝のスイッチを試してみることにしました。

Jさんは椅子に座って、両膝に掌を上に向けて置きます。そして、左の掌に注目して「現実の自分の姿」をイメージします。引っ込み思案で、弱虫、自信がなくて、魅力がなくて誰からも好かれない、誰とも仲良くなれないしいつも一人でおろおろしている自分の姿が浮かんできます。今度は右の掌に注目をし、「理想的な姿」をイメージしてみます。理想的な自分は、みんなと笑顔で魅力的に話していて、みんなから注目されています。堂々としていて、何を言われても動じないので周りから尊敬される存在になっていきます。みんなが嫌がるＰＴＡの仕事でも積極的に関わって、役割を淡々とこなして学校からの評価もどんどん上がっていく——。

そんな左の「現実の自分」と右の「理想的な自分」をJさんはゆっくり持ち上げて、

そして、自分のちょうど中心で手を合わせてみます。

するとパッとJさんの頭の中に水色のセーターを着た自分の姿が浮かんできます。爽やかな色のセーターを着て淡々と何かをやっている自分。感情のアップダウンがあまりなくて、どこにいても淡々と動いていられる、そんな本来の自分の姿を確認することができたのです。

Jさんは「これが本当の自分？」と信じられなかったのですが、このルーティンを続けていたら、ある日、ママ友から授業参観の連絡があった時、すぐに「行きましょう」と何も後先のことを考えないで答えている自分に気づいてびっくりします。

学校に行っても「あれ？ 何も考えていない」とただボーッとしてそこにいることができて、子どもや先生を観察して楽しんでいる。そしてＰＴＡの役割分担をする時も、何も考えずに手をあげて「書記に立候補します」と答えている自分がおかしくなってきます。

外に出るのが「楽しい」とか「怖い」というのがなくなり、誘われて時間が空いていたら行く、と軽い感じで受け答えができるようになったJさんはお誘いを受ける機会も多くなり、いつの間にか子どもにも友達ができていて、楽しそうに学校に行くわが子がとても可愛いと思えるようになっていきました。

人からの不快な言葉に左右されなくなるスイッチ

目を閉じて2分間
その場歩きをする

朝、支度をする前でも、後でもかまいません。

集合住宅に住んでいる人は、ヨガマットのような足踏みをしても音が響かない物の上で「その場歩き」を、目を閉じたまま2分間やってみてください。

目を閉じながら「その場歩き」をしていると「私ちょっとO脚気味」とか「右と左のバランスが悪い」などとツッコミを入れて修正したくなりますが、そのままその場歩きを続けます。

その場歩きを2分間続けていると「あっ、ちゃんと呼吸しながら歩いたほうがいいんだ」とか「もうちょっとゆっくり歩いてもいいのかも」といろんな気づきが得られます。また、「美しい歩き方」を意識しなくても、その場歩きのスイッチを朝のルーティンとして続けると自然と背筋が伸びて美しい歩き方が身につくようにもなっていきます。でも、このスイッチはそれが目的ではなく、「体の中心に通っている軸が感じられるようになる」というのが目的となります。

その場歩きをしていると頭のてっぺんから自分の体の中心を通っている一本の線、「中心軸」を感じられるようになります。この中心軸は「人間の急所」に当たります。

急所とは「そこを攻撃されたら命に関わる」というところ。逆に考えてみると「身体の中心の軸さえ攻撃されなければ怯える必要はない！」ということです。

ですから、自分の体の中心軸をその場歩きで感じれば感じるほど「この軸さえ攻撃されなければ大丈夫」という感覚を動物的に得られるようになっていきます。

中心軸がしっかりすると人間関係が良くなり信頼感も増す

中心軸がしっかり感じられている人は「動じない人」になっていて堂々としています。中心軸が感じられずブレブレの人は「ビビリ！」になってしまうので常にビクビクして怯えている状態になってしまいます。

やっていただくとわかるのですが、その場歩きのスイッチをルーティンとして続けていると、**だんだんと中心軸が自分の中ではっきりしてきて、さらに続けていくとその中心軸がどんどん細く・強くなっていくような感じがしてきます。**

そうして、中心軸が細く・強くなればなるほど**自分に自信がついてきて「明らかな危険以外は反応しない！」といった感覚を持つことができ、どこに行っても緊張感がこれまでとは違うように思えてきます。**

対人関係でも、誰と会っていても、相手の反応から不快を感じることが少なくなり、他の人からの不快な言葉をかわすのが上手くなります。

また、人からとっさに何かを頼まれた時でも、自分の中心軸がはっきり感じられているると「頭が真っ白にならず適切に対処できた！」とうまい対応ができるようになります。

自分にとってメリットがないものはスルッとかわしてしまうし、必要とあればしっかりと相手の要望に応えられる。

そうなると、周りからの信頼感も増して、人との関係が億劫ではなくなり、**どんな場所でもどんな場面でも緊張しないで堂々としていられるようになる**でしょう。

緊張もせず、人との会話を楽しめるようになったKさん

Kさんは派遣社員として長年働いていますが、「慣れてくるとその職場が嫌になってしまう」という理由で職場を定期的に変えていました。

初めの3カ月ぐらいはお互いに程よい緊張感があっていいのですが、だんだん慣れてくると、不快なことを言われたり、私生活を詮索されたり、さらには、こちらの弱い立場につけ込んでどんどん嫌な仕事を押し付けてくると感じ、自分が搾取されているような感覚になって「もう嫌！」と次の職場に移りたくなるのです。

派遣会社の人からは「せっかく職場に慣れてきて評判がいいのに」と残念がられますが、どうしても人が自分の私生活に入ってきたり、余計な仕事をやらされたりすることが許せなくなり、夜も眠れなくなってしまうので仕方がないのです。

そんなKさんが「目を閉じてその場歩きをする」朝のスイッチを試してみることにしました。

購入後一度も使ったことがないヨガマットを引っ張り出し2分間のタイマーをセット。目を閉じてその場歩きをやってみます。

目を閉じたままやっていると気がついたらマットの端。「結構移動しちゃうものだな」と思いながらも毎朝続けてみるとだんだんと「自分の体の中心軸」というのが一本感じられるようになっていきました。

中心軸を感じられるようになってくると今度は目を閉じていても「あれ？ あまり移動しなくなった！」となり、その上歩き方も美しくなった気がして、なんだか自信がついた感じになります。

すると職場でも変化が表れます。一緒に仕事をやっている人が、昼休み中に余計なことを質問してきても「あれ？ ムカつかないかも！」とその質問をスルー。以前のような、ビクビクしていた感じもありません。

さらにこれまでいろんな職場で感じてきたような「周りの人から侵入される感じ」もしなくなり、Kさんは自分のペースを保って仕事ができるようになります。同僚から飲み会に誘われても、「割り勘だったらいきます！」と一緒に飲み会に行って食事を楽しめるようにもなりました。

さらにKさんは、自分では「緊張しいだから会話が続かない」と思っていたけれど、相手の話を流しているうちにいろんなことが話せるようになり、会話が「楽しい！」と感じられていきました。

そうすると「え？　こんなことやらせてもらっていいんですか？」と思うような楽しい仕事をやらせてもらえるようにもなりました。

自分の中心軸を感じられるようになっただけなのに、緊張しなくなって周りがどんどん変わっていく――。その場歩きのスイッチを続けていると面白いことがKさんの周りでたくさん起きたのです。

人ごみで緊張や不快を感じないようにするスイッチ

両手の指を使って
60まで数える

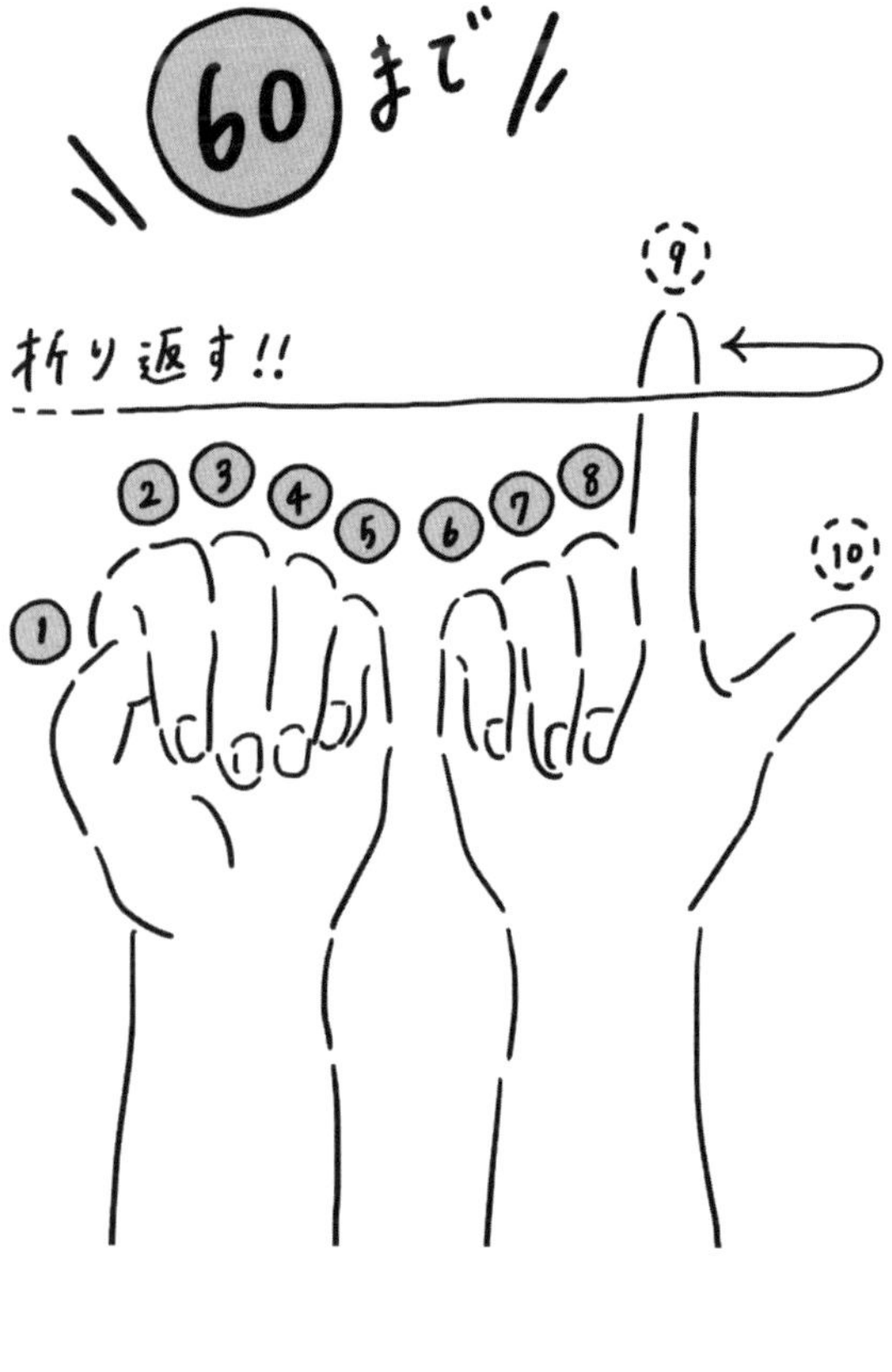

朝、両手を広げ、掌を自分の顔の方に向けます。

そして左手の親指を曲げて「1」、人差し指を曲げて「2」、中指を曲げて「3」という感じで数を数えていきます。「5」までいったら右手の小指に移り「6」、右手の薬指を曲げて「7」と続け、親指までいったら、今度は「10」で曲げた右手の親指を伸ばして「11」、曲げていた人差し指を伸ばして「12」という具合に曲げて伸ばして60まで数えます。許されるのならば声を出してやるといいでしょう。家族が気になる場合はつぶやくような感じでもかまいません。

みなさんは、脳がボケないように脳トレをやっているの？とか、これをやっていたら計算をするのが得意になるの？という効果を期待するのかもしれません。

たしかにそんな効果もあるのかもしれませんが、このスイッチには「他人の感覚と自分が感じていることを区別する」という効果があります。

このスイッチを毎朝やっていると脳の中のミラーニューロンが鍛えられ「あっ、これは私の感覚じゃない！」と自然に区別ができるようになり、「人の中にいても疲れなくなってきた！」とか「緊張して変なことをしなくなった！」と行動が変わってきます。

✦ミラーニューロンを鍛えて人の感情と自分の感情を区別する

人は「今日はイライラするな〜」とか「なんかちょっと気分が落ち込んでいるんだよな〜」などと感じた時に、「あれ？　これって疲れているからかな？」とか「仕事でストレスを感じているからかな？」と原因を自分の中に見つけようとして、「これって人から移された感情？」などと考えることはありません。

しかし、**動物の脳には「ミラーニューロン（鏡の細胞）」というものがあって「相手の脳の状態を真似してしまう」ということを自動的に脳内で行っています**。だから「緊張している人がそばにいると自分も緊張する！」という体験があるのです。

こう聞いて「あるある」と思った人は多いかもしれません。ただ、多くの人は人から緊張が移ってくることはなんとなく知っているのに、他の感情については「全部、自分のもの」としてしまいがちです。そして、人から移ってきた感情なのに「自分の感情」としてしまうと「処理し切れないでいつまでも消えずに残ってしまう」という厄介なことが起きます。

例えば、誰かが怒っているとしましょう。人には、不快なストレス刺激があっても「時間とともに消える」という性質がありますから、相手の怒りは時間とともに「まあ、いいか！」と消え去ってしまいます。でも、その怒っている相手から怒りが自分に移ってきてしまったら、自分の中で「なんで怒っているんだろう？」という具合に過去の引き出しから、怒りの原因と思えることを次々と引き出そうとします。

当然人から伝わってきたものですから過去のどの不快な出来事も「この怒りとは違う！」と合致しません。このように、ミラーニューロンによって人から移ってきた感情や不安に関しては原因が合致するまで探してしまい「いつまでも消えない！」となってしまうのです。つまり、「どうしても消えない不快感は、人からミラーニューロンで移されたやっかいな贈り物！」となっている可能性があるというわけです。そのミラーニューロンは脳の言語領域であるブローカ野にあります。さらにそれは脳内の指に関係する部位の近くにありますので、**言葉で数字を発しながら指を一緒に動かすことで「ミラーニューロンを刺激してますよ」という意識が強まり、ミラーニューロンを鍛えることができます**。

このミラーニューロンが鍛えられると他人と自分の感覚を自然に区別ができるようになります。具体的にはミラーニューロンを鍛える前だと「不快感は自分が感じているんだ」と自分のものにしてしまいがちだったのが、鍛えてみると「自分のものじゃないんだ！」と判別できるようになります。それは味覚が鍛えられて、味の違いがはっきりとわかるようになるのと一緒です。だから、「人の中にいても疲れなくなってきた」とか「緊張して変なことをしなくなった」となるというわけです。

「この感情は私のものじゃない」と気づき精神的にタフになったLさん

Lさんは「人の中にいるとものすごく緊張して疲れてしまう」ということで苦労していました。受験の時も試験会場に行ったら息苦しくてじっと座っていられないので試験がうまくいかずに志望校に入ることができませんでした。

社会人になっても通勤をするだけで疲れ切ってしまって、嫌な気持ちになり、職場でもイライラした上司から怒られて、仕事ができずに休んでしまうことも何度かありました。買い物だって、人がたくさんいるところに行くと息苦しくなって疲れてしまって、帰ってきたら料理すらできない状態に。「どうしてこんなに疲れやすいの？」といろいろ病院で検査も受けたのですが原因がわからなかったのです。

そんなLさんが「両手の指を使って60まで数える」朝のスイッチを試してみることにしました。それは、友人から「もしかしたら、それって人の感情を受け取って処理し切れずに苦しくなっているだけなのかも？」と言われたから。

それを聞いた時、「え〜？ そんなことってありえないよ！」と思ったのですが、「この息苦しさから解放されるのだったら」と、とりあえずやってみることにしたのです。

最初は寝ぼけているからなのか「あれ？ 指がうまく曲げられない！」とか「指の順番がわからなくなった！」とうまくできずショックを受けます。しかし、毎朝ルーティンとして続けていたら「あれ？ ちゃんと曲がるようになってきた！」となって60までスラスラと指を曲げながら数えることができるようになりました。

すると、電車で突然襲ってきた、会社であった嫌なことの記憶が「あれ？ この嫌な気分って自分のじゃない」と思え、「誰の？」と探せるようになります。

そうしているうちにLさんは通勤電車で疲れなくなり、息苦しさもどんどん軽減していきます。そして、職場でも上司が怒っている時に「この怯えって私のじゃない！」と気づけるようになります。「え？ 本当はこの偉そうな上司が怯えているんだ！」ということがわかると、Lさんは堂々とした態度でいられるので、怒っている上司から簡単に解放されます。そうしてLさんはどんどんたくましくなっていき、会社でも、買い物に行っても疲れなくなり、「私って結構タフなのかも！」と自分のことを見直し、大切にしてあげられるようになりました。

不安、緊張、怯えから解放された1日をすごすスイッチ

腹式呼吸をしながら
感情の毒素をデトックスする

朝起きたら、立ち上がって足を肩幅ぐらいに開き、両手を広げておへその下ぐらいのところにちょっとした大きな石を抱えるようなポーズを作ります。

目は閉じて、鼻から「スッ!」と息を吸ってお腹を膨らませます。

そして「フー」とお腹を凹ませながらゆっくりと息を口から吐き、石を抱えたイメージのまま手を胸に向かって持ち上げます。

その時に体や頭の中に溜まっている感情の毒素(不安や緊張や怯えなど)が一緒に持ち上がり、お腹を凹ませながら吐く息とともに自分の体の中から出ていくイメージをしていきます。

手が胸から喉の前あたりにきた時に、掌を内側から上に向きを変えて頭まで上げていき、頭の上からすべての毒素が抜けていくイメージをしてみましょう。

普通に呼吸をしてみて「まだ自分の中に感情的な毒素が残っているな」と思ったら、今のデトックスの動作をもう一度繰り返して3回ぐらい続けてみてください。

このスイッチで自分の体や頭に溜まっている感情の毒素を外に出せば、素の自分で1日を気持ち良く生活することができるようになります。

✦ 周りの人の不快な感情を受け取らないようにする

人間も動物も「周りに影響される」という仕組みを持っています。

これは84ページでも紹介しました、ミラーニューロンの働きにより脳が自動的に相手の脳の状態を真似してしまうから。相手の感情を受け取りたくなくても勝手に真似して受け取ってしまうのです。

84ページのスイッチは、そのミラーニューロンが関係する脳の部分を鍛え、人の感情を受け取らないようにするものでしたが、このスイッチは**知らないうちに受け取ってしまっていた感情の毒素を「自分のものじゃな〜い！」と外に排出しよう**というものです。

普通だったら脳にも体と同じ解毒機能があるので、しばらくすると「どうでもいいか」となるけれど、入ってくる感情的な毒素の量が多いと「脳が処理し切れない」となり、脳のパフォーマンスが落ちてしまいます。

ちょっとしたことで、感情が爆発してしまったり、気分が落ち込んでしまうのは、脳の解毒機能が追いついていないからでもあるのです。

体の毒素といったらアルコールとか食べ物に入っている薬物や金属類だったり、空気中に漂っている化学物質になりますが、脳の場合は「周りにいる人たちの不快な感情」になります。家族が常にイライラしていたり、ビクビクしていたら「ストレスを受けちゃう！」となるのは脳が家族の毒素をたくさん吸い込んでいるからです。

友人が落ち込んでいるのを見て「なんとかしてあげなきゃ」と助けようとしたら、友人の感情を請け負うことになってしまうので、感情の毒素に触れてしまいます。

電車に乗っていて「突然、嫌なことを思い出した！」となるのは、周りの人の感情を知らないうちに真似しているからでもあります。

感情の毒素を周りから受け取り、それが蓄積してしまったら脳の解毒機能がうまく働かなくなってしまい、身も心も調子が悪くなってしまいます。

でも、先にも説明したように脳の場合は**この不快感は自分の感情でない**とわかるだけでもデトックスできてしまいます。それをこのスイッチで一気に行おうというわけです。

さらにスイッチを毎朝のルーティンとして繰り返すことで、脳の解毒機能が復活してきて、「頭がどんどんシャープに働くようになった！」となっていきます。

✦心配症な自分をデトックスして自分らしく生きるMさん

Mさんは、ものすごく人に対して気を使う人で、いつも家族や周りの人のことを考えて「あの人は大丈夫かしら?」と心配しています。

電車の中でも調子が悪そうな人がいると「声をかけてあげたほうがいいのかな?」とか「席を譲ってあげなきゃ」と心の中で葛藤してしまうタイプなのです。

こうしていつも人の心配をしているMさんは「朝から気分が落ち込んでちょっとやる気がないな」となったり、「電車の中でなぜかわからないけれど涙が出てくる」となったりして困っていました。職場でも周りに気を使って仕事をしているのに「みんな全然私のことをわかってくれないし助けてくれない」と嫌な気分になって、突然仕事を辞めたくなるなんてこともしばしばでした。

そんな時に「感情の毒素をデトックスする」朝のスイッチをやってみることにしました。

お腹に力を入れながら「フー」と口から音を立てるようにゆっくりと息を吐き、手をおヘソから上に持ち上げていくと「あー、なんだか私の中に溜まっていた黒いものがどんどん上がって私の中から出ていく感じ！」とイメージできるようになります。真面目なMさんは「ちゃんとできてるかわからないからもう一回！」と言って、「フー」と口から音を立てて息を吐き出しながら、腕を下から上に上げていくとさらに頭の中からも不快なことが出ていく感じがします。

それを毎朝繰り返していたら、電車に乗っていても「外の緑がきれい！」と新緑の美しさを感じられるようになり、次第に周りの乗客のことが気にならなくなりました。職場でも「他の仕事ができない人のフォロー」をずっとやっていたのが「自分でやってちょうだいっ！」と手を出さずにいられる。Mさんは「なんで今まで手を出していたんだろう？」と不思議に思いますが、そう思えたのは感情の毒素がデトックスされたからです。

脳の解毒機能が働くと、ちゃんと周りの状況がクリアに見えてきて「助ける必要がない！」ということがわかるようになり、自分の仕事だけを楽しむことができます。もちろん、脳の解毒機能が戻ったMさんも、「私がやらなくていいんだ〜！」という自由を感じながら、自分らしく、自分のために生きる喜びをどんどん感じられるようになっていきました。

意識しすぎる自分とサヨナラし願いを叶えるスイッチ

目覚めたその瞬間に無意識さんに
お願いをして起き上がる

目が覚めた瞬間に「無意識さんにお願いをする」というスイッチがあります。お願い事は何でもかまいません。

感覚としては、多くの日本人が元旦に初詣に行って「神様にお願い事をする」のと同じような感じです。わざわざ寒い中人混みにまぎれ、やっとたどり着いたお賽銭箱の前でお金を投げて「パン！パン！」と願い事をするように、目が覚めた瞬間に「無意識さん〇〇して！」とお願いしてしまいます。

その日に誰かの前で発表するようなことがある場合に「無意識さん！素敵な発表ができるようにして！」とお願いする短期的なお願いもあれば、「無意識さん！料理の腕を上げてちょうだい！」という長期的なお願いもありです。

とにかく、目が覚めた瞬間に「無意識さん〇〇して！」とお願いして、そこから起き上がるのがこのスイッチになります。

これをルーティンとして続けていくと、知らないうちに願いが叶いやすくなっている——。

そんな嬉しいスイッチなのです。

人は意識しすぎると願いと逆の行動をとる

このスイッチのポイントは「無意識さん！」という声がけです。**私たちの「意識」はとても面白い性質をしていて、「こんなふうになりたい！」と意識してしまうとそれを邪魔するかのように「失敗する選択をしちゃおう」となってしまいます。**

わかりやすい例でいうと「お金持ちになりたい」と意識すればするほど、儲け話を目の前にいろんなことをあれこれ考えてしまい「見事にお金を稼ぐチャンスを逃す」選択をしてしまう、といったようなことです。

また、「この人と仲良くなりたいな」と意識すればするほど「緊張して相手から呆れられることをしちゃう」というのも意識のせい。

意識が自分のしたいことの逆をやる、という性質は本当に厄介で、私も学生時代は「テストで良い点をとりたい」と意識したら「とたんに勉強に集中できなくなった」となり、悪夢の赤点をとってしまっていました。あんなにやる気があったのに、いざテスト勉強となると勉強以外のことをしてしまう。なぜだろうと、ずっと悩んでいたのを今でも覚えています。

ここで「無意識」の登場です。「無意識」というのは、私たちが何かを意識している時に、常にバックグラウンドで働いてくれているものです。

そして、**「無意識さんにお願いする」というスイッチは、「意識すると逆のことをしちゃう自分」＝意識しすぎてしまう自分を「無意識」によって封じ込めてしまうわけです**。これをルーティンとして続けていると、だんだんと「無意識さんにお願いする」ことが楽しくなってきます。

例えば、「あと体重を5kg落としたい」と意識しているうちはそのことが頭から離れず、ストレスを感じ、「明日からでいいか」となぜか逃げたくなってしまっていたけれど、目が覚めた時に「無意識さん！ 体重を5kg減らして！」とお願い事をしてみると、余計なことを考えなくなり、気づいたら「以前ほどあまり食べなくなった！」となって、そのうち「出っ張っていたお腹が凹んできた」となってきたりもします。

願いを意識すればするほど余計なことをしていて「願いが叶わない！」と文句ばかり言っていたけれど、「無意識さんにお願い！」で意識しなくなると、余計なことをしなくなって、願っていたことが現実のものとなっていく——。

「無意識」というのは本当に便利なものなのです。

✦思いを願いに変えるだけでどんどん変化していったNさん

Nさんは「楽しい友達と出会いたい」とずっと思っていました。しかし、いつも出会う人はNさんのことを馬鹿にしたり、ダメ出しをしたりして足を引っ張ってくる人ばかり。これは子どもの頃からずっとそうだということでした。

Nさんは「自分の性格がいけないのかな？」と思って、みんなにできるだけ親切に礼儀正しく接するのですが、なぜかNさんだけがいつの間にか仲間外れになっていて、いつも「どうしてこんな嫌な目にあうの？」と悔しい思いをしてきました。

そんなNさんが「無意識さんにお願いをして起き上がる」朝のスイッチをやってみることにしたのです。Nさんは初めは「なんだ、無意識って？」とあまり無意識のことは理解していなかったようですが、呪文として「無意識さん！素敵な人とお友達になれるようにして！」と毎日、目が覚めた時に唱えるようにしました。

「本当に効果があるのか？」と疑いながらも毎朝ルーティンとして繰り返していたら、Nさんは、これまで地味な服ばかり着ていたのが、なぜか素敵な服と靴が買いたくなって、それを身につけるようになっていきました。すると職場の人たちの態度が前とは全然違うものになっていきます。

さらにNさんは、職場の人たちと話をしていて「いつもだったらここで余計なことを話していたよな」という時に、「あっ、余計なことを言わなくなっている」と黙っていられる自分にもびっくりします。そうなんです、Nさんは「誰に対しても正直でいなければいけない、それが礼儀であり親切だ」と思うようなところがあって、それまでは「余計なこと」を自分の中に留めておくことができなかったのですが、このスイッチを毎朝続けているうちに、相手の話を聞きながら堂々としていられるようになっていったのです。

すると今度は、これまで声をかけられたことがなかった上司からも声をかけられるようになり、そのうち意見を求められるようにも。そんな時でもNさんは、すぐに自分の意見を言うのではなくて「黙って上司の話を聞く」ということができるようになっていました。たったそれだけのことなのに、上司から認められ、食事会に誘われて、いつの間にかみんなとワイワイ楽しめるようになっていった。Nさんは、さらに楽しい友達と出会える気がして今度は「無意識さん！　素敵な人とお友達になれるようにして！」という朝のスイッチをルーティンとしました。

人の批判や意見に柔軟に対応できるようになるスイッチ

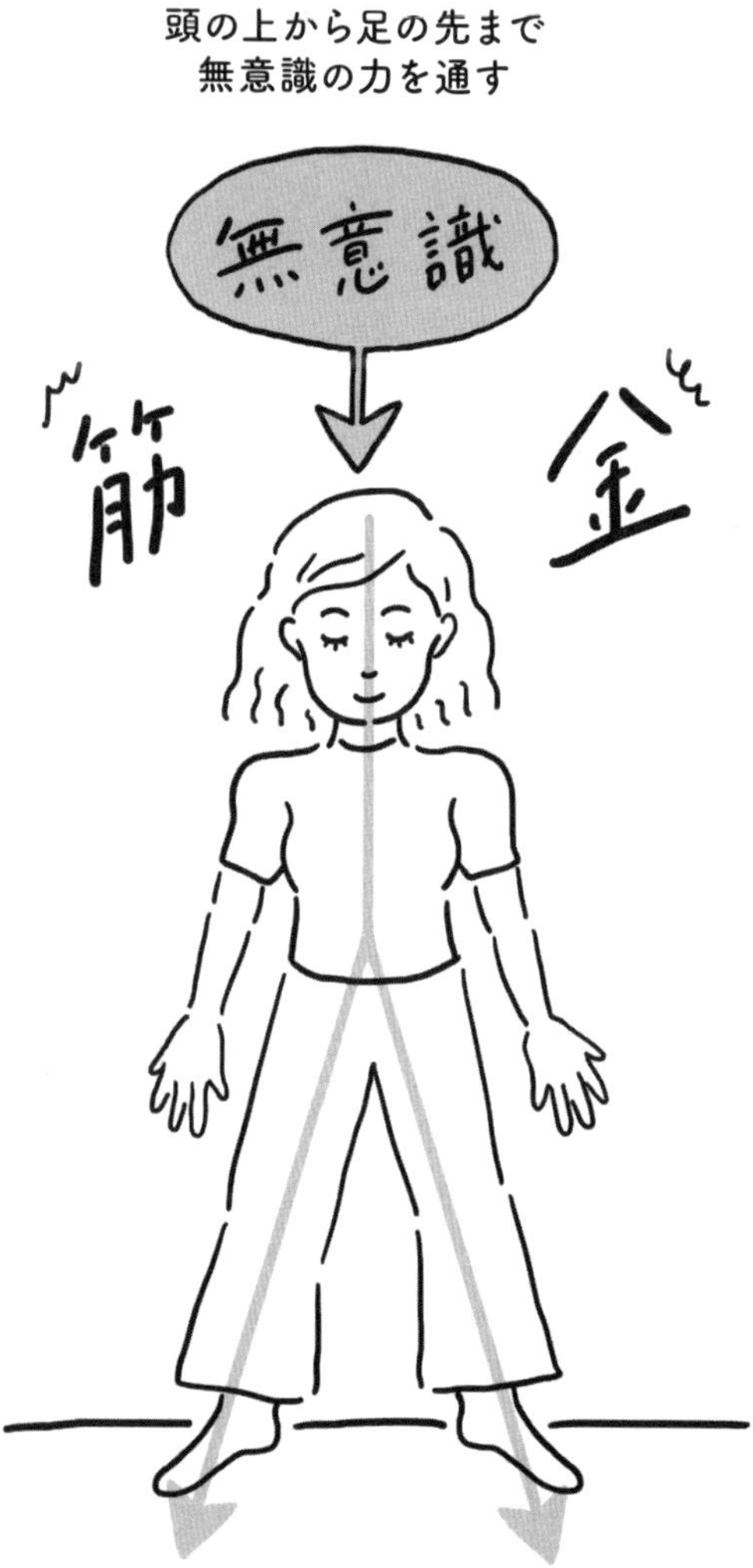

頭の上から足の先まで
無意識の力を通す

前のスイッチと同様に、こちらも「無意識の力」を借りるスイッチです。朝、目が覚めたら、まず何よりも先に床の上に両足で立って頭のてっぺんを天に向けます。目を開けたままでも閉じてもかまいません。その天から頭のてっぺんに一本の筋金が降りてきて、それが頭を通って首、そして胸や体をゆっくりと貫いていって、やがて下半身を抜けて地面を貫く、というイメージをしていきます。

みなさんは「筋金入り」という言葉をご存知ですよね。筋金入りとは「肉体や思想が十分に鍛えられていて強固なこと」です（デジタル大辞泉の「筋金入り」から）。この言葉のイメージのように、朝起きて自分の中に無意識を一本通しておくと心が折れないだけではなくて、様々な人やトラブルに柔軟に対応することができ、どんどん自分の内面が鍛えられ、さらに自分の中に強さとしなやかさが増していきます。

無意識の力を借りて1日をすごす

このスイッチは「天から頭のてっぺんに一本の筋金が降りてくる」ようなイメージで始まりますが、この「天からの筋金」が「無意識の力」になります。

何も考えないで真っ直ぐ立っている時には「無意識の力」が働いています。

例えばみなさんにも「自分の力でしっかり真っ直ぐ立たなければ」と考え始めたら、「あれ？ 体がグラグラする」と真っ直ぐ安定して立っているのが難しくなって、体が微妙に揺れ出したりした経験はないでしょうか？

それと同じようなことで**「不安になっている」時は、意識の力を使っているから「フラフラする」という感じで気持ちが揺れ動いてしまい、その不安がどんどん増幅されてしまいます。**

それが「無意識の力を今日1日使います」、というふうに**朝のスイッチで天から無意識の力を自分に一本通しておくと、いちいち自分の意識を働かせなくても無意識が自動的に対処してくれるようになります。**

それは例えば、次のような感じです。

不快なことが思い出されても、それに動揺しなくなり知らないうちにはね除けてしまう。

自分の中に自信のような感覚が芽ばえ、人の評価や視線が自然と気にならなくなってくる。

今日1日の自分がやるべきことが明確に見えてきて、楽しみになる。

人からの不快な刺激も軽くかわすことができていて、自分がやっていることへの邪魔が入らなくなる。

人から様々な批判や意見を聞いても、それに左右されることなく、自分の中でしっかりと考えて自分なりの答えを出し、柔軟に対応することができるようになる。

そんな便利な無意識の筋金を一本、朝のスイッチで入れてしまうのです。

自分に自信が持てるようになったOさん

Oさんは、職場の中で先輩たちの板挟みになって困っていました。

ある先輩は「書類をちゃんと自社で印刷して取引先に送ってください」と言ってくるので、Oさんは毎日残業までして物凄い時間と労力をかけて印刷をしていたら、それを見ていた他の先輩から「なんでそんなムダなことをやっているの？」と怒られてしまいます。

「今は、ペーパーレスの時代だから、紙で送付したって取引先は見てくれるわけないじゃない」と言われて、「えー、でも」と他の先輩から指示をされてやっていることを伝えると「どうしてそんなムダなことをあなたにさせるの？」と聞いてこられて困ってしまうのです。

Oさんも「なんでこんなムダなことをしなきゃならないの？」と思いながら仕事をするのでストレスはどんどん溜まっていきました。

職場では先輩たちの間で話し合いをしてくれるわけでもなく、相変わらずムダなことをやらされ続ける日々――。Oさんの頭の中はいつもごちゃごちゃしていて嫌な気持ちにしかなりません。


そんなOさんが「自分の中に筋金（無意識）を通す」スイッチをやってみることにしました。

Oさんは「自分はしっかりしているつもりだけどな」と思ったけれど、それに対して自信があるわけでもなかったので、「とにかくやってみよう」と朝起きたらすぐに立ち上がり、頭を天に向けて、筋金（無意識）が一本自分の中を通って、それが地面を貫いていくスイッチを毎朝のルーティンとしてやってみたのです。

何日か続けると「あれ？　定時になったら仕事が途中でも帰れるようになった！」とだらだらと残業をしなくなった自分に気づきます。

さらに、印刷を頼んでくる先輩から「どうしてできていないの？」と聞かれたら「時間内にできないものは業者さんに頼んでください」と考えもしないで答えられていることにびっくりします。

そう言われた先輩も、あまりにもOさんがしっかりとした口調で言うので、「確かに」と業者さんに頼んでくれるようになります。

それからというもの本来の自分の仕事ができるようになったOさんの評価はどんどん上がっていきました。

Oさんは職場で人に振り回されそうになると、いつも「自分に入っている一本の筋金」を思い出します。するとOさんは、迷うことなく自分がやりたい仕事に集中することができ、どんどん仕事が楽しくなっていって、周りからも尊敬の眼差しで見られるような働きぶりに変化していきました。

人の流れがわかり孤独や疎外感が消えるスイッチ

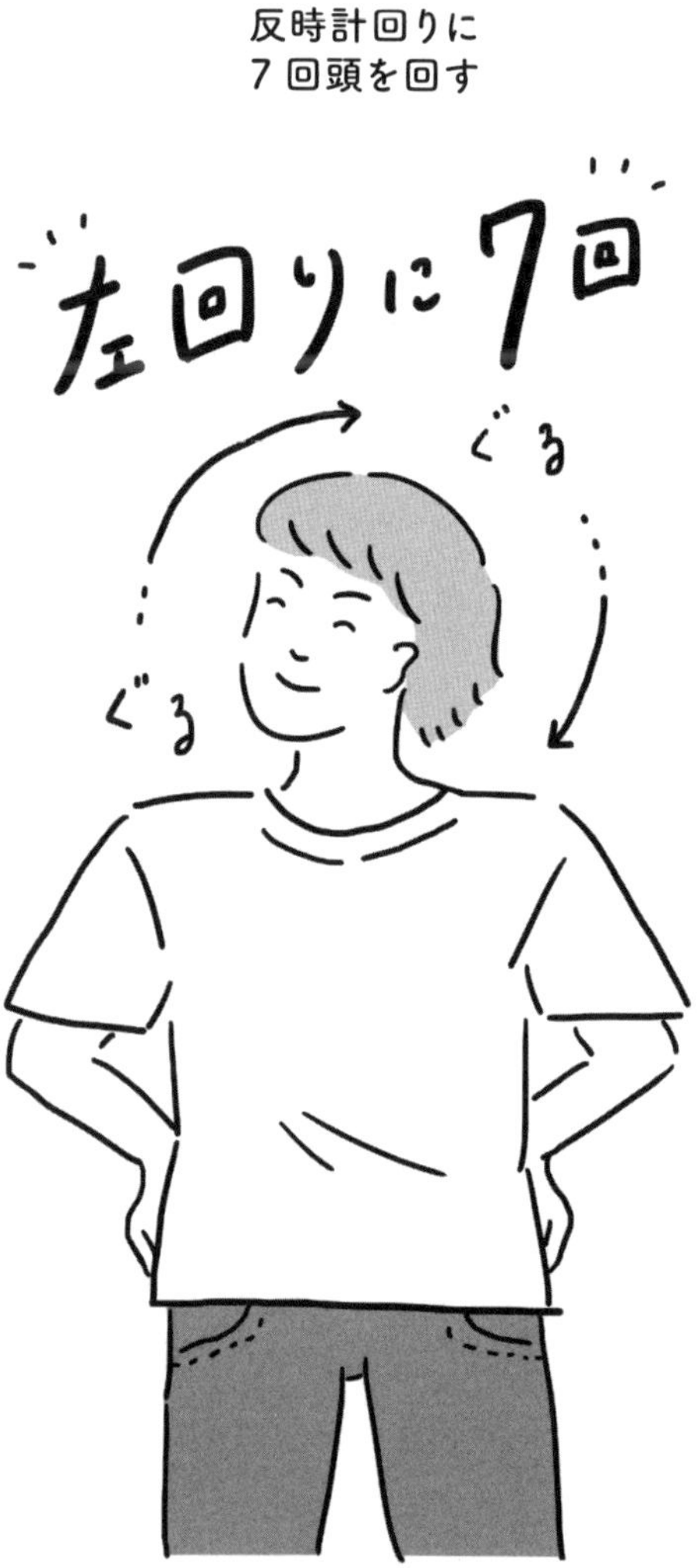
反時計回りに
7回頭を回す
左回りに7回
ぐる
ぐる

目が覚めたら、頭を前方に傾け、円を描くように左回りに回していき、それを七回繰り返します。この時に「反時計回りに頭を回す」を頭の中でイメージしながら回していくと効果的です。姿勢は座っていても、立っていても、どちらでも大丈夫です。

この朝のスイッチをやると「人の流れに乗っかれるようになった！」となっていきます。

どういうことかは後ほど詳しくご説明しますが、みなさんは、人が混み合っているようなところを歩いていると「どんどん変な人がぶつかってくる」と感じるようなことはないでしょうか？　この時、自分では「変な人がぶつかってくるなー」と思っているけれど、実際は自分が「人の流れに逆らって歩いている」からそうなっているということがあるのです。

どんなところにも「人の流れ」というものはあります。

会議をやっていても、みんなの考え方が一つの方向に流れている。それに対して「間違っている！」と反発をするのもありなのですが「人の流れに乗る」ということをすると「あれ？　ストレスがなくなった！」とそれまで苦痛だった会議の場面でも、急にラクになってきます。

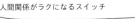

✦人の流れというのは、実は「左回り」＝反時計回りのほうが好まれたりするものです。

陸上競技のトラックも「左回り」になっています。コンビニなど通路もお客さんが「左回り」に通るよう設定されています。

この左回りに頭を回すスイッチをルーティンとして続けていると**「人の流れが見えるようになった！」**と面白いことになります。

実は私もそうなのですが「頭を回す」と思ったら、自動的に「時計回り（右回り）」になっていました。時計回りに頭を回してしまう人というのは、自分では「場の空気が読めている」と思っているところがあって、「あっ、あの人は間違ったことを言っている！」とどんな時でも常に、人の間違い、矛盾が気になり、指摘したくなってしまいます。

そして、指摘してしまうと場の流れを止めてしまい、「シーン」と空気が凍り付いてしまう。そして、いつも「あ！しまった！」と後悔してしまうのです。

また、時計回りに首を回してしまう人は、「時間がない」と焦っているのに、実は時間をムダに使っていてなかなか「気持ちに余裕」が持てません。その原因は「人の流れ」に乗れなくてムダなことばかりしているから。いつも人の気持ちを考えて、行動しているつもりなのに「なぜか、みんなから嫌われちゃう」という人も「人の流れ」に乗れていないことが関係しています。

しかし、「反時計回りに7回頭を回す」スイッチをやっていると、「自分はこれまで人と逆行していたからぶつかっていたんだ」ということに気づき、そんな自分を認められるようになります。すると自然と人の流れに乗ることができ、ストレスが減り、理不尽な目にあうことが減っていきます。

人は、自分のしていたことを「違う」と認めるだけで自動的に修正することができます。反省は繰り返しますが、「そうだったんだ！」と気づいて認めたら、変われるのです。そうなれば、どんどん人の流れに乗って巡ってくるチャンスを自分のものにすることができるようにもなるでしょう。

流れがわかり、周りのことが気にならなくなったPさん

Pさんは、業務連絡や報告などで職場の人とチャットをするようになったのですが、

「どうして私のコメントは既読スルーされるの？」とチャットの画面を開くのが億劫になっていました。みんなは楽しそうにチャットを利用していて、会話も続いているのですが、Ｐさんがそこに入ってくると、コメントが既読されずに無視。そして、ものすごい疎外感を感じ、仕事もだんだんと苦痛になってしまい、そのうち「自分ばかり嫌な仕事を回される」と思うようなり、転職を考えていました。

そんな時に「反時計回りに7回頭を回す」朝のスイッチを知って、やってみることにしたのです。Ｐさんは、起きた時に、ベッドの上に座ってゆっくりと頭を反時計回りに回しながら「反時計回りに頭を回す」と頭の中で繰り返し唱えていきます。

初めのうちは「反時計回り」と思いながら首を回していたら「あれ？　これって時計回りじゃん！」と慌てて反時計回りに戻すなんてこともありました。

このスイッチを毎朝訳がわからないまま続けていたら、ある日「あれ？　チャットがそんなに嫌じゃなくなった！」と不思議な感覚になります。職場のチャットを開いた時に、「みんな本当は苦痛なんじゃん！」ということがわかるようになっていたのです。「楽しい」なんて思ってやっている人は一人もいないという場の流れが読めると、自分も「楽しまなきゃいけない」という思いがなくなり、業務連絡だけをチャットに打ち込むことが苦痛ではなくなりました。

既読スルーされても「ちっとも気にならない」、と思っていたら、ちゃんと既読がついて「これまでと何が違うの？」とびっくり。さらに友達関係のチャットでも「あ〜、自分は相手の弱点をチャットの中で指摘してたから以前は嫌われていたんだ！」と他の人のやりとりから自分が人の流れに逆らっていたのが見えてきます。

また、以前だったら、チャット上で困っている人、間違っている人を助けてあげなきゃ、と思っていたけれど、ちゃんと人の流れが見えるようになると「なんだ。そんなに考えなくてもいいんだ！」とコメントがラクに書けるようになります。

また以前は、よく考えて時間をかけて書き込みをして無視されては傷ついていたけれど、考えずに流れだけで適当に書いたものは「いいね！」がたくさんつくから不思議な気持ちになります。

朝のスイッチで自分だけじゃなくてみんなの孤独が見えてくると、自分の孤独が打ち消されて、何事も焦らなくなります。

焦らなくなると、人の流れがますます見えるようになって、それに乗っかって楽しむ喜びをPさんは感じられるようになっていきました。

根拠のない「思い込み」から心を解放するスイッチ

動物との運動をイメージして
「想像する脳」を動かす

朝起きたら、布団の中でも、ベッドに座ってでもかまいません。目を閉じて「動物と一緒に運動をしている」という場面をイメージしてみます。

どんな動物でもOKです。

例えば、犬であれば「犬と一緒に100メートル競走をする！」ということをイメージします。頭の中でリアルに自分が犬と競走をしているイメージをして「犬が勝った？」それとも「私が勝った？」という感じで勝敗を争います。もし、簡単に勝ててしまうようなら、もっと足の速い動物をイメージしてみるといいかもしれません。とにかく自分がゴールに向かって全力で負けないように走っていることをイメージしてみるのです。さらに、全速力で走っている中で「動物は私の先を走っている？」という感じで動物の位置も気にしてみます。すると、不思議なことに負けても勝っても「あー、ちょっと頭がスッキリした！」という感じになります。

ちょっとタフな女性や男性は「ライオンと相撲を取る！」という運動でもOKです。「ガオー！」と口を開けて吠えているライオンと取っ組み合いの相撲を取る。襲いかかってくるライオンの鋭い爪や、牙を避けながら土俵の外へとライオンを押しやろうと努力するイメージをしてみます。

これももちろん、ライオンに噛まれてしまっても、逆にライオンを土俵から投げ飛ばしてしまっても大丈夫です。「今日の1日を占う一戦！」みたいな感じで頭の中で動物と一戦交えてみると頭がスッキリ冴えて、それまでとは違った1日をすごすことができます。

「想像」と「記憶」を区別すれば悪夢の現実が消える

このスイッチの目的は「動物と一緒に運動をしてテンションを上げる！」、というものではありません。まあ、実際にやってみると「あー、スッキリした！」という感じでテンションが上がり、頭もスッキリするのですが、目的はそこではなくて「想像と記憶を区別する」というところにあります。

「想像」というのは、「職場のあの人は私のことを悪く思っているに違いない」とか「あの人は私のことを騙そうとしている」という感じで、ちょっとした仕草や言葉から想像力を膨らませてしまいます。

一方、「記憶」は「相手の言葉」や「仕草」などの客観的な情報になります。具体的には「あの人は私が喋っている時にうつむいた」とか「あの人は私に対して〝しっかりしろ〟と言った」など現実にあったことの情報が記憶されているようなことです。

その**現実の記憶と想像がごちゃごちゃに混ぜ合わさってしまうと「悪夢の現実が作り出されてしまう」**ということが起きたりします。

例えば、家族が別に騙そうとしているのではないのに「想像」と「記憶」がごちゃ混ぜになってしまうと「あの人は私を騙そうとしている」という悪夢の現実が作り出されてしまいます。職場でも「私が挨拶をした時に挨拶をしなかったから私のことを嫌っている」というのは想像と記憶がごちゃ混ぜになっているからなのです。

脳の中では「想像」と「記憶」が別なところで処理されている、ということが最近の研究でわかっています（National Library of Medicine「Remembering and imagining differentially engage the hippocampus: a multivariate fMRI investigation」https://pubmed.ncbi.nlm.nih.gov/24967816/）。

脳の別の部位が処理している、ということであれば、この朝のスイッチで「これは明らかに想像ですよ！」といった具合に脳の「想像」を処理する部位を働かせると「想像」と「記憶」の脳の部位の役割がはっきりし、区別がつけられるようになります。

つまり、人の気持ちを考えてしまう時も「記憶」ではなくて「想像」という具合に区別がつけられると「悪夢の現実がなくなった！」という感じで周りの見え方が変わってくるのです。

「何でもわかる自分」とサヨナラでき心がラクになったQさん

Qさんは LINE のグループで「みんなは楽しそうに会話ができているのに、自分が入ると楽しくなくなってしまう」と悩み、夜もそのことが気になって眠れなくなっていました。「少しも楽しめないのならやめてしまえばいいのに」と自分でも思っているのですが、どうしてもみんなの反応が気になってやめることができません。

そんなQさんが「頭の中で動物と運動をする」スイッチをやってみることにしました。Qさんは子どもの頃から「人の気持ちがよくわかる」と思っていたのですが「もしかしてそれって私が勝手に想像しているだけなのかも！」とふと思ったのが始めるきっかけでした。「どこからどこまでが自分の想像で、どこからが現実なのかが区別がつかなくなっているから辛いのかも？」と考えたのです。

Qさんは、朝起きたら「黒豹と100メートル走で競争する」ということをイメージしてみます。100メートルの運動場のトラックがあり、隣に獰猛《どうもう》な黒豹が「ギャオー！」と吠えて威嚇《いかく》をしています。「襲われたらどうしよう！」と思いながら、ゴールを真っ直ぐ見て「よーい、ドン！」。あっという間に黒豹はゴール地点の点になってしまい、自分は悪夢の中で「スローモーションのように走れない！」というもどかしさを感じながら、かなり遅れて「ゴール」をします。次の日もイメージの中で「よーい、ドン！」で走りますが、やっぱりあっという間に黒豹はゴール地点に。自分はえっちらおっちらとゴールに向かって走っていくのです。

この朝のスイッチを続けているとQさんは「あれ？　ちょっとイメージの中で速く走れるようになった？」という変化を感じられるようになりました。

そんな頃には「あれ？　LINEのコメントのことを考えなくなっている」と、何度もスマホをチェックしなくなっている自分に気づきます。

さらに「ポン」と通知がきても「なんか返信してあげなきゃ」という焦りのような感じが一切ない。いつのまにか相手の気持ちを勝手に想像しなくなっている自分にQさんはびっくりしました。「相手の気持ちがわかる！」と思っていたのは「ただの想像だったんだ！」と区別がつけられるようになって、随分心がラクになり、普段の生活もどんどん楽しいものに変化していきました。

自分の感覚を信じ迷いをなくすスイッチ

「自分の足で歩く」イメージで
素足で交互に 30 回地面を掴む

朝起きたら、椅子やベッドに腰掛け、軽くかかとを床につけて、爪先を持ち上げます。そして、頭の中では「素足で地面を歩くイメージ」をします。右足の指を思いっきり広げて地面全体を掴んだ瞬間に、足先を曲げて足の指をぎゅっと握りしめるような感じで地面をしっかりと掴むイメージをします。そして、今度は左足も同じような動きをして、歩く時と同じように、右足の爪先は上に向けます。

右、左と交互に大きく足の指を広げ、地面を掴んで後ろに蹴るような感じで30回繰り返します。

大きく足の指を広げて、そして、地面を掴んだイメージでぎゅっと足の指を握りしめる、というのがコツです。

この朝のスイッチをルーティンとして続けると足裏や脹脛《ふくらはぎ》の血流が良くなって、足のむくみや静脈の問題が改善されそう、と思うかもしれません。実際にやってみると、脹脛だけではなくて腹筋にも力が入るので、様々な筋肉が鍛えられて体の不具合が解消されるかもしれません。

でも、このスイッチの目的は「自分の感覚」を「研ぎ澄まして」「信じられる」ようにすることにあります。

✦素足の感覚が自分の感覚を研ぎ澄ます

外を素足で歩く時は「危ないものを踏むと痛いから感覚を研ぎ澄ます」ということが自然とできています。

でも、靴を履いていると「靴があるから大丈夫」と思って、自分の感覚を研ぎ澄ます必要もなく、スマホを見ながら歩くことだってできますし、人と話をしながら歩くことだってできてしまいます。

もちろんそれは便利ではありますが「自分で歩いている」という感覚が失われてしまって**「自分の感覚を研ぎ澄ませて自分を信じる」**ということ忘れてしまいます。この感覚を忘れると、いろんなところに影響してきます。

例えば、簡単なことで言えば「お昼をどこで食べようかな？」と思った時に「自分の感覚を信じる」という習慣がないから、周りの人に「今日は何を食べる？」と聞いてしまって、自分が食べたいものがわからなくなってしまう。インターネットで「近くのランチ」を検索し、検索エンジン任せになってしまうのも同じことです。

また、職場で人間関係のトラブルがあった時に「これって私が間違っている？」と自分に自信が持てなくなってしまう。さらに、インターネットの「知恵袋」とかで相談をしてしまうと「相手が絶対に間違っている！」とか「あなたの感覚がおかしい！」と怒りを煽《あお》られて、結局自分が感じていた相手に対する不快感がうやむやになってしまって、不快感がいつまでも消化できなくなってしまうようなこともあります。

しかし、**毎朝「素足で地面を掴む」スイッチを続けていると、「とりあえず自分はどうしたいの？」と、自分で考えて自分の感覚を信じることができるようになっていきます**。

例えば「この人に近づいたら危険！」と感じたらすぐにそこから離れることができます。人に聞いたり、変なところに相談したりするよりも「自分の感覚を研ぎ澄ます」ということができるようになっていくと、「あの人は変だ！」と思う「自分の感覚が信じられる」ようになり、事前に危険を回避してわざわざ自分から落とし穴にはまるようなこともなくなります。

このスイッチをルーティンとして続けていると「自分にしかわからないことってたくさんあるんだ！」とどんどん自分の感覚が研ぎ澄まされて、毎日が知らぬうちに楽しい方向へと進んでいくようになるでしょう。

✦ 自分の足で歩くことで自信と信頼を得たRさん

Rさんはウェブデザインの仕事をやっていますが、夜になって寝ようとすると「あの仕事はあれでよかったのかな？」とか「あれは間違っていたのでは？」とグルグル考えてしまっていつもなかなか眠れません。

毎日そんなふうなので「寝る前は仕事のことを考えないようにしよう」と思っているのですが、どうしても布団に入ると、仕事で同僚からダメ出しをされたり、上司やお客さんの微妙な表情を思い出して「私は大丈夫なの？」と思ってしまいます。さらにそこから芋づる式に嫌なことが思い出されて、気がつくと「朝になってしまった」ということもしばしばでした。

職場では、夜あまり眠れていないので、ますます仕事が不安定になり、ミスをしないように、と思っていてもどうしても人とは違ったことをしてしまって、それを指摘されてしまいます。

そうして家に帰るとまた一人反省会が始まり眠れない――、Rさんの毎日はそんなふうに悪循環となっていたのです。

そんなRさんが「素足で交互に30回地面を掴む」朝のスイッチを試してみることにしました。初めは、いつも座り仕事で足がむくんでいたので「足のむくみがなくなればいいか！」ぐらいの軽い気持ちでした。

しかし、このスイッチを続けていくと、だんだんと夜に疲れて眠れるようになっていきます。

職場でも「食事の時間」となった時に、いつもだったら周りの人に「今日は何を食べにいく？」と聞いてしまうRさんだったのが、人を頼る感覚がなくなっていて「今日は餃子を食べにいく！」など、自分の感覚がきちんとわかるようにもなっていきました。

さらに、いつもだったら「これで大丈夫ですかね？」と先輩や同僚に確認をしていた仕事も今では自分できちんと動作確認をして上司に提出。「自分でちゃんと確認できるじゃん！」とちょっと嬉しくなり、さらに仕事が楽しくなっていきました。

また、Rさんは自分からアイディアを出すようにもなり、お客さんとのやりとりも以前よりずっとスムーズになります。以前は、お客さんの意見に振り回されて、せっかく作ったものが壊される感覚があったけれど、「自信を持ってちゃんとオススメ！」ができるようになったRさんは、お客さんからも信頼されるようになりました。

そして、自分の時間を楽しむ時も「この人は嫌だ！」と人に相談をしなくてもすぐに決断することができ、それを繰り返しているうちに「自分に合っている人に出会えた！」とその人との時間を楽しめるようになったのでした。

「自分の足で歩くって本当に大切なことなんだ！」と気づけたRさんは、それからというもの人間関係でも、プライベートでも、仕事でも、何事にも自分の感覚を信じ行動できるようになっていったのです。

Chapter 3

もっと自分らしく生きるためのスイッチ

どんどん魅力的な自分に変わっていくスイッチ

優しくかかとを
3分間マッサージする

ストッキングやソックスを履く前にかかとを3分間マッサージしてみましょう。マッサージするのは片足でも両足でもかまいません。

大事なのは、「神は細部に宿る」と思いながら、固くなっているかかとをほぐしてあげるようなイメージでマッサージをすること。

この時、クリームやオイルを使ってもかまいません。時間はきっちり3分間、タイマーなどで計ってください。

かかとを毎朝、3分間マッサージをすることで、次第に「なんだか自分が魅力的になってきた！」と変わっていきます。具体的には、姿勢がしっかりして、人から堂々として見られるようになったり、自信のある顔つきに変わってきたりします。

ルーティンとして毎朝マッサージを続けるなかで、かかとに固さを感じられなくなったら、今度は柔らかく揉みほぐす、というイメージで、優しくいたわってあげるようにします。

とにかく「神は細部に宿る」と思いながらこのスイッチを続けていると、全身が自然と整って心も体も魅力的になっていきます。

✦ 見えない細部の変化が心にも変化をもたらす

「なんでかかとなの？」と思うかもしれませんね。東洋医学的に見れば「かかとのマッサージ」にはいろんな意味があるかもしれませんが、このマッサージのポイントは先にも言ったように**「神は細部に宿る」**ということです。

女性の場合はストッキングを履く時に「かかとの皮膚ががさがさして引っかかる」ということがあるため、「かかとに注目する」と言われても意外な気持ちにならない人もいるかもしれません。

でも、それがなかったら、かかとに注目することはあまりありませんよね。**人があまり注目しないところ（細部）をケアしてあげることが自分の心と体に変化をもたらしてくれる**から不思議なのです。

「神は細部に宿りたまう」という言葉を残したのは近代ドイツの美術史家のアビ・ヴァールブルクでした。この言葉の意味は「人が注目をしないような細かいところにこだわった作品はすごい！」というようなことです。

人は見えるところはきれいに繕っているけれど、細部に関してはいい加減になって

しまいがちで、それが自分の気持ちにマイナスに作用してしまいます。

例えば他人から見て「いやいや、十分魅力的でしょ」と思われるような人でも、細部に関して「見えないからいいや」としておざなりにしていると、次第に「(私なんて)全然魅力的じゃない！」と自信を持てなくなってしまいます。

逆に考えてみると「私は魅力的には程遠い」と思っている人は「細部」を大切にしていないことになります。そんな後ろ向きな自分を心も体も前向きな自分へと変えてくれるのが、この「かかとマッサージ」による朝のスイッチなのです。

「ムダな事」なのに不思議と心と体が整っていくSさん

Sさんは女性で、「ムダなことはしたくありません」という生き方をそれまでしてきました。常に「損か得か」ということを考えて「損をするようなことはいたしません！」とばかりに、「ムダだと思うこと」は人に頼まれてもキッパリと断っていました。人付き合いもメリットがない人とは「お話をしたくありません」と冷たく断ってしまいます。会議などでも「なんで私がその会議に参加しなければいけないのでしょうか？」と上司に噛み付いて、一人だけ参加しないなんてこともしばしば。

定時になるとさっさと上がって、家に帰ってゲームをし、ムダなことをやらせる相手や、失礼な相手にものすごく腹が立って攻撃的になり、人間関係を次から次へと打ち壊してしまうような日々。

そんな生活をしているから、周りからは「Sさんってストレスあるの？」などと思われていました。

でも実際には、定期的に体調が悪くなり、気分のアップダウンがものすごく激しくなってしまうような生活を送っていたのです。

人間関係を壊してもSさんは「そんなの必要ありません」と気にはしていなかったけれど、「体調が定期的に悪くなるのは嫌」なので「体が整うなら」と「かかとを優しくマッサージする」朝のスイッチをやってみることにしました。

実際にかかとにクリームをつけてマッサージをしてみると「え？　私のかかとってこんなに固かったんだ！」とびっくりします。皮膚もがさがさしていて、かかと全体がゴツゴツしていました。しかも、マッサージをしてみると「あれ？　結構気持ちいいかも」という感じになり、ルーティンとして毎朝続けることにしました。

するとSさんの普段の生活にも変化が表れ始めます。

以前は頼まれたらイラッとしていたことでも、素直に返事をしている。

会議も「まあ、参加してもいいか」と参加してみると「結構会議もいいかもしれない」とムダだと思っていたことに意味を感じられるようになる。

人間関係も「仕事以外で付き合ってどうするの？」と思っていたけれど「まあいいか」と付き合ってみると「意外と楽しいかも」と楽しめるようになっていた。

そして、何よりも驚いたのは、ムダなことをやっているはずなのに、体調がどんどん良くなってきて、気分のアップダウンが少なくなったことでした。


ムダが嫌いで化粧っけがなかった自分がお洒落をするようになって男性から注目されるようになり、それもまた楽しめるようになっていく――。

ゲーム三昧だった生活も一変して、人との付き合いが好きになり、夜もぐっすり眠れ、体もどんどん健康的に整っていく――。

今ではSさんにとってこのルーティンは毎朝欠かすことのできないものになっています。

なりたい自分に変われるスイッチ

自分を変える呪文を
だらだらと唱える

「自分を変えたい」。そう思っている人に最適なスイッチを紹介しましょう。やり方はいたって簡単で、朝起きて、歯を磨いたり、支度をしたり、化粧をしている時など、それぞれのことをやりながら自分を変える呪文をダラダラと唱えていくだけ。

自分を変える呪文は「若返りたい」のであれば、「若返る、若返る、若返る」と繰り返しダラダラと唱えていきます。

「お金持ち」になるように自分を変えたい時は「一億円稼ぐ、一億円稼ぐ、一億円稼ぐ」とダラダラと唱えてしまいます。

女性でも男性でも「美しくなる」は自分を変える呪文になります。

「計算力がアップする」という呪文は、お金や数字の計算だけではなくて、人間関係の計算まで得意になる優れものの呪文です。

ちょっと面白いのは「整理整頓がしたくなる」という呪文です。

朝起きて歯を磨きながらだらだら唱えていると、いつの間にか整理整頓がしたくなって、整理整頓が苦手な人もだんだんと得意になっていきます。

なりたい自分を唱えることで反対の思考を封じ込める！

人というものは「自分を変えたい」と思っても、必ず「変わらない」や「変えられるわけがない」という思考が湧いてきてしまいます。

それは71ページのスイッチでも紹介した、私たちの体を常にプラスマイナスゼロに戻そうとする「恒常性」という力がありとあらゆるところに働いているからで、「こうなりたい！」と願っても「そんなの無理！」という力で必ず引っ張られてしまって「ゼロ！」になってしまうのです。

本来は「何も変わらない」というのが、プラスマイナスゼロの機能が正常に働いている健康な状態なのです。でも今の状態を変えたいのなら、「何も変わらない」その状態をなんとかしなければなりません。

そこで**「自分がどんなふうに変わりたいか」を呪文として連続して唱え、プラスマイナスゼロにする言葉が頭に浮かんでこないようにしてしまいます。**

自分を変える呪文を毎日唱え続け、その言葉が定着すると、プラスマイナスゼロにする言葉が浮かばなくなり「どんどん自分が変わっていく！」と楽しくなってきます。

例えば、「一億円稼ぐ」を呪文として連続で唱えることで「ムリ」だとあきらめてしまうようなマイナスな言葉が浮かばなくなるから「なんだか、前向きに行動できるようになってきた！」とこれまでやったことがないような大胆な行動が取れたりします。

また、「計算力がアップする」と呪文でだらだら唱えていると「計算が苦手」とか「人間関係が苦手」という打ち消す言葉が浮かばなくなるから、人を目の前にした時に、頭の中で自動的に計算をしていて「お、この人にはこれ以上のサービスをする必要はないな」と人間関係の計算が的確にできてしまいます。


ただ、呪文の言葉を作る時はちょっとコツがあります。

若返りたい時は、「若返りたい」ではなくて「若返る」のほうがプラスマイナスゼロにする言葉をより打ち消してくれます。

「お金持ち」になりたい時は、「一億円欲しい」ではなくて、「一億円貯める」のほうがGOOD。この**ちょっとした語尾によってプラスマイナスゼロにする言葉が後から浮かびやすくもなり、浮かびにくくもなりますので、呪文の語尾は「言い切る」といった具合に工夫を加えつつ、より有効な呪文を作り出すようにしましょう。**

✦ダメダメ思考のTさんがダラダラ呪文で苦手を克服！

Tさんは、職場で上司から何度注意されても「また、同じ間違いをしちゃった！」ということを繰り返していて「この仕事は向いていないのかも？」と悩んでいました。

家に帰っても会社で失敗してしまった後悔と、それを見つけた周りの人の冷たい態度にイライラしてしまって、なかなか眠ることができなくなり、次の朝には「もう会社に行きたくない」という感じになってしまいます。

「このまま、また仕事を変えなければいけないのか？」という状況になった時に、Tさんは「マイナスを打ち消す呪文」を知ります。「呪文を唱えて簡単に自分が変わるわけがない……」とは思っていたのですが、もう、これ以上どうすることもできなくなっていたのでTさんはとりあえず挑戦してみることにしたのです。

Tさんは書類の提出でよくミスをしていたので「計算力がアップする」という呪文を朝起きた直後からだらだらと唱えてみることにしました。

歯を磨きながら「計算力がアップする」と唱えていると、ちょっとテンションが上がってくるから不思議。「これで変わったらすごいな〜」と思いながらも、「計算力がアップする」と唱えて会社に行くと「あれ？　私って数字を読むのが苦手だったんだ！」ということに気がつきます。

確かに、いつもミスをするのは細かい数字のところで、書き間違えたり、計算を間違えていたり、ということが多かったのです。それに初めて気がついたような感覚になったTさんは、数字に注意を払ってチェックするようになります。

注意を払って自分が書いた書類を見直してみると「本当にミスばかりだ！」とちょっとがっかり。でも、以前だったら。チェックするのが面倒くさくてそのまま提出していた書類も、「勉強のため」と何度も見直してから提出をするので、どんどんミスが少なくなってきて、次第に「数字への苦手意識がなくなってきたかも！」とちょっと自信がついてきます。

自信がつくと今度は「今の給料って安すぎるかもしれない」と思い始め転職。Tさんは「今までの仕事はなんだったんだ～」とまるで足かせが外れたように楽しく仕事ができるようになり、どんどん責任ある仕事を任されるようになっていきました。

Tさんは「計算力がアップ」を毎朝のルーティンにしたらどんどんバージョンアップして仕事もプライベートも楽しめるように変わっていったのです。

セルフイメージを鍛え自分に磨きをかけるスイッチ

朝から脳内筋トレを
100 回ずつやる

朝目が覚めたら、目を閉じたまま、イメージの中で腕立て伏せ100回、腹筋100回、そしてスクワット100回をそれぞれやってみましょう。

男性でも女性でも「腕立て伏せとかやったことがないから」という人でも「イメージの中でやる筋トレ」ですから大丈夫！

ただし、YouTubeか何かで「かっこいい腕立て伏せ」や「かっこいい腹筋やスクワット」の動画を見つけて、それと同じことをやっている自分をイメージしましょう。その時大事なのは筋肉に注目しながらやることです。

腕立て伏せは、体をピンと伸ばし、その体を支えている腕をゆっくりと曲げて体を地面に近づけていきます。そして、顎が床につくぐらい曲げるイメージをしながら腕の筋肉に注目して「1、2」と100までカウントしていきます。

腹筋やスクワットも同じように「きれいな腹筋やスクワット」にこだわりながら、負荷がかかっているであろう腹筋や足の筋肉に注目しながら数字をカウントして100まで続けていきます。

この脳内筋トレには、セルフイメージを鍛える、という効果があります。

✦ セルフイメージを磨けば本来の自分が輝き出す

セルフイメージは「自分が自分に抱いているイメージ」のことです。

周りの人たちからは「何も考えていない」とか「マイペースに見られる」という人でも、セルフイメージは「慌てん坊でおっちょこちょいで間抜け〜」になっていたり、普段は「意地悪に見られる」とか「嫌味ばかりいっている」という人が、実は「ものすごく傷つきやすくて、打たれ弱い」といったセルフイメージを持っていたりします。

逆にセルフイメージが「ものすごく頭が良い」とか「人の悪いところばかり見える」ということであっても、外からは「口ばかり達者で何もできない人」と思われてるなどということもあります。

つまり、人には少なからず、**セルフイメージの自分を出さないように努力して「なんとか周りの人を騙している」**ということがあったりするわけです。

このセルフイメージというのは71ページのスイッチでも紹介したように自分でつくっているように見えて、家族や他の人につくられてしまっている可能性があります。

というのも、自分のことをよく知っている家族から「あんたはおっちょこちょいでドジなんだから」と言われると、それがいつの間にかセルフイメージになってしまって、次第に「おっちょこちょいでドジに見られないようにしなければ」となっていくのです。このように自分本来の姿とは違うキャラクターを演じれば演じるほど、家族に吹き込まれたセルフイメージがどんどん固着してしまいます。

しかし、**毎朝のルーティンとして脳内筋トレをしていくと「どんどん家族からすり込まれたセルフイメージから脱却していく！」という感じになり、新しい自分を発見できるようになります。**

さらに、「おっ、私ってこんなところがあったんだ！」と面白い自分を発見することでどんどんセルフイメージが美しく変わっていって、そのうち自分自身を隠すことがなくなってきます。

いつも素のままの自分でいられ、いつの間にか自分の中に嫌いな自分がいなくなって、自分のことが好きになる。

自分のことが好きになれば、どんどん外見も仕草も美しくなって、周りの人たちを惹きつけるように変わっていくことでしょう。

✦ラクだから始めた「脳内筋トレ」で自堕落な生活から脱出したUさん

Uさんは、仕事から帰ってくるとスマホゲームばかりやって時間をムダにしてしまい、「あーあ、また何もできなかった」と後悔する日々を送っていました。

ゲームに集中しすぎて、食事はいつもコンビニ弁当ですませ、時にはスナック菓子だけなんてことも。そんな感じだから、「自分はきっと周りに気持ち悪がられているんだろうな」と思うようなところがあって、人に話しかけられても緊張してうまく会話が続きません。周りの人はそんなUさんを「あの人、気難しい人」と思い、だんだんと近づかなくなり、Uさんはますます人を避けるようになっていきました。

そんなこんなで、「自分はみんなから嫌われるダメ人間」という感覚が強くなってしまったUさんは、外に出るのがものすごく億劫になり、体も身なりもどんどんとだらしなくなっていきました。

そんなUさんが「脳内筋トレ」を始めることにしたのは、体を動かす必要がないし、頭の中だったら結構簡単に毎日できて、それで自分が変われるのだったらこんなに都合のいいことはないと思ったから。

Uさんは言われたとおり、YouTubeの動画でかっこいい人がやっている腕立て伏せをチェックして、それを朝起きた時に、布団に入ったまま「1、2、3、」と腕の筋肉に注目しながら、イメージの中で100回やってみます。

何も体を動かしていないのに「100!」となった時にUさんは妙な達成感を味わいます。そして、実際は6分ほどしか経っていなかったのに「すごく時間が経ったような気がする」という感じで、シャワーを浴びることにしました。朝にシャワーを浴びたことなどめったにないのに、久々にやってみたら気持ちが良かった。そしてスッキリしたまま出勤したら、周りの人たちの笑顔がきれいに見えました。

そんな変化が嬉しくて、Uさんは朝のルーティンとして「脳内筋トレ」を繰り返していたら、今までは、時間ギリギリまで寝ていたのが、だいぶ早く起きられるようになり、その時間にシャワーを浴び、片付けまでするように。さらにこのスイッチを続けていくと、だんだんと夜に帰ってきてから食事をつくるようにもなりました。「脳内で筋トレをやっているだけなのに?」と不思議に思いながらもUさんのセルフイメージはどんどん鍛えられ、美しい本来の自分へと戻っていったのでした。

1日のクオリティを上げるスイッチ

朝の口ぐせを
「美しい」に変える

私は、1日の質を決めるのは「朝」と子どもの頃に教わってきました。朝を爽やかに迎えることができて、気持ち良い朝をすごせれば、気持ちいい1日になる。「朝にやる気が満ちていたら、1日がとても充実しちゃう」という感じです。

実は「口ぐせ」が朝の自分の状態を決めていたりします。つまり、1日は朝の口ぐせで爽やかにもなり、どんよりとしてしまいもするわけです。

もちろん人によっていろんな口ぐせがあって、それが朝起きた時の状態によって出てくる口ぐせが違っていたりもするけれど、このスイッチではその口ぐせをすべて「美しい！」に変えてしまいます。


起きた瞬間に「だるいな〜」と出てきそうになったら「美しい！」と変換します。嫌な仕事のことが思い出されて「面倒くさいな」とか「億劫だな」という口ぐせが頭の中に浮かんだら「美しい！」という言葉を口から出してしまいましょう。

家族が聞いたら「何が美しいの？」と聞かれるかもしれないけれど、そんな時は「うん、美しいんだ！」とだけ答えます。

✦「美しい」の意識が脳のバックグラウンドで淡々と働く

人によっては「よーし、頑張るぞ！」とか「今日もやるぞ！」という気合いの口ぐせがあったりしますが、これも「美しい！」に変えてしまいます。

実は、「頑張るぞ！」とか「今日もやるぞ！」というのは空元気だったりするので、それを続けていると「元気の底が尽きた」とボロボロになってしまいがちです。なぜなら**空元気はエネルギーが枯渇している兆候だったりする**からです。そんな時ほど口ぐせを「美しい！」に変えてしまいましょう。

「美しい！」と言葉に出して唱えてみると「何が美しいんだ？」と頭の中では、そこでの美しさを意識の水面下で探っています。「だるいな～」と思った時に「美しい！」と唱えると頭のバックグラウンドでは「だるくなるぐらい真面目に真剣に取り組んでいる自分は美しい！」となっているわけです。

自分の意識には上ってこないけれど「美しい！」とお題を出されたら、脳内ではきちんとそこにある美しさを見出そうとします。

嫌な人の顔が浮かんできて「ムカつく！」というのが口ぐせになっている人が「美

しい！」という言葉を出したとしたら、脳では「嫌いな人に対しても優しく接する自分は美しい！」とバックグラウンドで流れているようなイメージです。

このように人の脳は本当に優秀で、どんなお題に対してでも「美しい！」とすれば、しっかりとそこにある美しさをいつの間にか見出して、答えを出していきます。

もう少しイメージできるよう突っ込んで言うと「美しい」の口ぐせは「テンションを上げる」という感じとは違います。「テンションを上げる」はエネルギーを拡散するイメージになりますが「美しい」のエネルギーは凝縮されていくようなイメージで、エネルギーが尽きることがなくなります。

なので「美しい」のエネルギーは、テンションを「上げる・下げる」のようなアップダウンはなく、淡々と1日を充実した感じに変えていってくれます。それを重ねていくことで、1日のクオリティはどんどん上がっていきます。

「美しい」という言葉で自分も周りの人も変わったVさん

Vさんが、朝起きた時から「ちくしょう」とか「チッ」と舌打ちをしてしまうのは、嫌なことが頭に浮かんでいるから。そんなふうに朝起きてしまうと、朝からボーッとしてしまって何もできなくなり、時間だけがムダにすぎてしまいます。本人の中では、自分を理解しない人や、ムカつく人と戦っていて、職場に行くと「ほら！ やっぱり！」と下品な人が自分に対して嫌がらせをしたり、無視をしたりしてVさんを不快な気分にさせます。そんなことをされると、仕事に手がつかなくなり、またボーッとしてしまうのです。

外から見ると「ただボーッとしているだけ」なのですがVさんの頭の中では、下品な人たちに対して罵声が飛び交っていて、戦っています。でも、実際の仕事ができていないので、やっぱりそんな人たちからは見下されて、不快な態度を取られ、という悪循環。Vさんは「このままだとまたこの仕事も辞めるの」という感じで「ムカつく！」という口ぐせと舌打ちが止まりませんでした。

そんなVさんが「口ぐせを〝美しい〟に変える」朝のスイッチをやってみることにしました。朝から出てきそうになる「ちくしょう」や「ムカつく」を一つ一つ「美しい！」という口ぐせに変えてみます。すると「ちょっと気分が違うかも」という不思議な感じがします。職場の下品な人の顔が浮かんで「ムカつく！」と舌打ちしそうになったら、「美しい！」をとりあえず言ってみます。するとなぜか、ボーッとしないで朝の用意ができ、いつもよりも早く出かけられます。

電車の中で広告を見て「くだらない」という口ぐせが頭に浮かんだ時も、朝の延長で「美しい」と変えてみます。すると通勤電車の不快感が軽減されたような感覚になります。

そして、このスイッチをルーティンとして続けていたら「あれ？　下品な職場の人が私に攻撃してこなくなったかも！」と職場の不快感が減ってきます。

考えてみると嫌な態度を取られ、以前はボーッとしてしまって、言われたことができなかったのが「あれ！　ちゃんと言われた仕事もできる！」と楽しく仕事ができるようになっていました。

「今まで、時間がかからずにテキパキ仕事ができたことがなかったのに、あのスイッチでこんなに変わるのか？」とVさんはちょっとびっくりします。

そんな時にVさんは「自分の臭いを消すために飲んでいるバラのエキスのサプリと〝美しい〟は一緒なのかも！」と思ったそうです。不快な言葉は不快な臭いと一緒で、「美しい」という言葉はバラの香りのサプリのように、自分から発せられる臭いを変え、さらに人の態度を変えるのかもしれない。そんなふうに考えると、Vさんは「美しい！」の朝のスイッチがどんどん好きになっていきました。

「自分が主役」の視点に変えて楽しく1日をすごすスイッチ

2分で今日1日のスケジュールを
早送り再生する

朝の2分間、自分が一人で静かでいられる時間を作ります。

そして、タイマーをセットし、「今日1日自分がすること」を順番に早送りでイメージしていきます。

2分のタイマーが鳴ったら「はい、終わり！」と切ってその後はスケジュールの事は何も考えないようにしましょう。

「これからの1日を早送り再生」するこのスイッチに頭の中が整理されてムダな動きがなくなる、とか目的意識がはっきり持てることによって時間をムダに使わなくなる、という効果を多くの人は期待するのかもしれません。

でも、このスイッチはちょっと違います。

これから始まる（自分の）1日を早送り再生するこのスイッチは、「自分が主役」という自覚をしっかり持てるようになり、今日という1日を楽しくすごすことができるようになることが狙いなのです。

知らぬ間に人が主役の人生を送っている？

「自分が主役」と聞いて、「えっ？ みんなそう思っているんじゃないの？」と疑問に思われるかもしれません。

でも考えてみてください、自分が主役で周りはみんな脇役だったら、人生を思いのままにもっと楽しく生きているのではないでしょうか？

しかし実際はそんなふうにはならず、**知らないうちに「あれ？ 自分の人生の主役って誰？」という恐ろしいことが起きています**。

いつも母親の目を気にして生きている、とか母親の心配をしてしまう、ということであれば「母親が人生の主役」になっていて、自分がいつの間にか脇役でどうでもいいことをやらされている。

人によっては「父親が人生の主役」となっていることもあります。「父親からどう評価されるのか？」ということを気にしていたら即アウト。脇役決定です。

職場で「あの不快な人の気持ちを考えてしまう！」と頭の中でぐるぐると相手の気持ちを考えてしまっていたら「職場のあの人が主役」の人生になっています。

甲斐性のないパートナーのことでいつもイライラしているとするなら、それは「パートナーが主役の人生」になっていて、自分は「どうでもいい脇役」になっているから「こんな人生、もう嫌！」となるわけです。

このように相手の気持ちを考えたり、相手のことでイライラしていつも相手のことが頭にあると「その相手が自分の人生の主役になっている！」という状態になっている可能性があります。しかし、**「今日1日を早送り再生する」朝のスイッチを続けていけば、「あれ？ いつの間にか自分がちゃんと人生の主役を張れている！」と視点が変わり急に人生が楽しくなっていきます**。

映画でたとえるなら脇役のムダなシーンが省かれて、ちゃんと主役がクローズアップされて活躍するような楽しいカット割ができているようなことです。そうすると毎晩寝る時に「あー、今日1日も面白かった！」と楽しんで振り返ることができます。また、嫌なことや失敗があっても、自分が人生の主役だから「ここからちゃんと脱出できる！」という確信が持てるようにもなります。さらには淡々と次の日のシーンも上映して「あ！ こんなふうに展開していくんだ！」という主役を中心とした新たな展開が見えてきます。

そこまでいくと、朝の2分間のスイッチで早送り再生した1日の通りにならなくても、さらに意外な面白い展開が主役の周りに起こって、翌朝のスイッチが楽しみになってくることでしょう。

✦お金とパートナーに振り回されている生活に気づけたWさん

Wさんは「お金がちっとも貯まらない」ということで困っていました。一生懸命に働いて、人よりものすごく苦労しているのに「なんでなんだろう?」と思い、しっかりと考えて家計簿をつけても月末になると「やっぱりお金が足りない」と同じことが起こってしまいます。ムダ遣いをしていないはずなのに、どうしてなのかお金が貯まらず、どんどん惨めな気持ちになっていたのです。

そこでWさんは「嫌なことから脱出できるなら」と「今日1日のスケジュールを早送り再生する」朝のスイッチをやってみることにしました。朝起きて、2分間のタイマーをセットして「ブーン!」と自分の中で今日1日のスケジュールを早送りしてみます。

毎朝1日のスケジュールを早送りしているとWさんはあることに気がつきます。それは、「これまで私は、人に気を使いすぎていて、それでストレスが溜まって食べ物にお金を使っていたんだ!」ということでした。

ストレスが溜まって、「美味しいものが食べたい」とお金が消えていっていた。さらに「相手にものをあげる」ということをやっていたこともわかりました。「こんなことどうして家計簿をつけている時に気がつかなかったんだろう？」と思ったのですが、Wさんは人のためにお金を使う時は、家計簿につけていなかったようなのです。なぜなら、それをパートナーに見られると怒られるから。

そこでまた気づきます。

「そうか！　パートナーが主役になっていて、それでビクビクしながらお金を使っていたから、『お小遣いが貯まらない』というようなおかしなことになっていたのか！」

こうして過去の自分の脇役生活が見えるようになってきたのは朝のスイッチで自分が人生の主役だと自覚できるようになったからです。今日1日を早送り再生をしてみると、実際に1日のうちに人の気持ちを考えすぎることがほとんどなくなり、Wさんは「あっという間に1日が終わる！」という感じになっていきました。

夜、布団に入っても、以前だったら嫌なことが頭に浮かんで眠れない、となっていたのが、「今日も1日楽しかった！」と振り返ることができるようになってぐっすり眠れる。嫌なことがあっても明日の朝のスイッチが楽しみになってすぐに寝つける。こんな感じでWさんは主役生活をやめられなくなっていきました。

自分を縛る常識から解放してくれるスイッチ

3分間空腹に注目して
脂肪燃焼をイメージする

朝、目を閉じて自分のお腹に注目し、空腹を感じてみましょう。

空腹を感じることができたら3分間、

「自分の体についている脂肪がエネルギーとなって空腹を打ち消していく」

とイメージをしみてください。

「そんなのイメージできない！」という人は、自身の呼吸に注目しながら、お腹のあたりでもこもこ動く（ように感じる）脂肪がエネルギーに変わっていく、とイメージするといいかもしれません。

「お腹に全然脂肪がないのでムリ！」という人は内臓についている脂肪をイメージしてみましょう。脂肪がエネルギーとなって溶け出すイメージが簡単にできるようになってきたら、体の「ここの脂肪はいらない！」という部位に注目するのもいいかもしれません。

「これって単純に体の脂肪をエネルギーに変えて燃焼させるスイッチでしょ」と思われるかもしれません。もちろんその効果も得られたら素晴らしいと思いますが、このスイッチの狙いは「自分の常識から解放される」というものです。

自分の中の常識を取り除き、ありのままの自分を発見する

ここで間違えないでほしいのは、**あくまで空腹を感じることができたら脂肪を燃焼させるイメージを持つということです。お腹も減っていないのに脂肪を燃焼させるイメージをしてみても意味がありません。**

というのも私たちは空腹を感じたら「食べなければいけない」とか「我慢しなければいけない」などといった自分の中の常識に縛られ行動してしまいます。

なかには空腹を感じたら「集中力がなくなって居ても立ってもいられない」となり、何か食べるものを口に入れるまで落ち着かなくなってしまう人もいるでしょう。

人によっては空腹を感じたら「甘いものが食べたくなってしまう」という常識に縛られていたり、「空腹を感じたらカフェインをとって空腹感をごまかさなきゃ」が常識になっている人もいます。

それらの**常識を全部このスイッチで取り外してしまう**のです。

常識を取り外すことができるようになると、「本当の自分の姿はこれまでとは違っていた！」という具合に本来の自分の姿に戻ることができます。

「空腹を感じたら落ち着かなくなる」という人がこのスイッチでその常識から解放さ

れると「自分って結構、冷静沈着でいられる人なんだ！」と新しい自分を発見できるかもしれません。

「空腹時には甘いものが食べたい」という人がこのスイッチで常識から解放されると「私って結構ストイックなんだ！」と意外な本来の自分の姿が浮き彫りになることもあるでしょう。

「空腹時にはでカフェイン」となっていた人がこのスイッチで常識から解放されてみると「私って優しくて温厚なんだ！」と思え、それまで「イライラして余裕がない自分が本来の姿だと思っていたけれど違っていた」といった具合に面白い発見があるかもしれません。

子どもの頃、お金を入れて「ガチャガチャ」と回してカプセルに入ったおもちゃが出てくるのを楽しみにしていたように、「こんな面白いキャラクターが出てきた！」という感じで、ありのままの自分の姿に気づけることでしょう。

人に縛られる人生とお別れしてストレスから解放されたXさん

Xさんには付き合っているパートナーがいるのですが「パートナーから大切にされ

ていない」と思うとものすごくお煎餅などのお菓子を食べてしまって「どんどん体重が増えてしまう」と悪循環にはまっていました。

体重が増えてしまうとますますパートナーから邪険にされる感じで「食べずにはいられない」となってしまいます。

Xさんはいつも「食べるのをやめなきゃ」と思うのですが、自分ではなかなか止めることができず、「まあいいか！」といつものお煎餅に手を出してしまい、気がついたら一袋開けてしまっていたりすることもしばしばでした。

そんな時に「空腹に注目して脂肪燃焼をイメージする」3分間のスイッチをやってみることにしました。Xさんがこのスイッチをやってみたかったのは「本当に脂肪が燃焼できたらすごいじゃない！」と思ったから。もちろんこのスイッチ自体にそんな効果はないのですが——。

ストレスからくる体重増加の悪循環生活を続けていたXさんが朝起きた時にベッドに座り「自分の空腹に注目」をしてみると「ものすごい空腹」を感じて、朝から甘いもののことなどが浮かんでしまいます。

そんな時にXさんはその空腹感に注目し、「脂肪が燃焼される」と3分間イメージしてみようとしますが、どうしても「甘いものが食べたい」と、雑念が入ってうまくできず、かえってストレス状態になってしまいました。

どんなに頑張っても、「どうもうまくイメージができない」という感じですぐに3分のタイマーが鳴ってしまいます。それでも毎朝これを繰り返していたら、ある日「あれ？　なんでこんなことを続けているの？」「誰のためにやっているの？」とふと疑問が湧いてきました。そこに気づけたXさんは「一人の人とのお付き合いを大切にしなければ」というこれまでの自分の常識がバカらしく思え、「自分に合った人を探せばいいじゃん！」と考えられるようになったのです。

さらに続けていくと「もしかしてだんだんと空腹感が脂肪燃焼で消えていくイメージができるようになってきたかも！」と落ち着けるようにもなっていきます。すると、Xさんの中にあった「常に焦っているような感覚」もいつのまにかなくなって、誰の前でも「ゆったりと堂々とした気分」でいられるようになり、周りの人からも「何かXさん最近かっこよくなった！」と羨ましがられるようになっていきました。

身の回りで起きるどんなことも楽しめるようになるスイッチ

「鏡のような水面」を
3分間イメージする

朝起きたらすぐに、あぐらをかいてでも、椅子に座ってでもいいので3分間のタイマーをセット。目を閉じて「鏡のような水面」を頭の中でイメージしてみます。鏡のような水面は、青い空を、そして、白い雲が形を変えながらゆっくり動いていくのもその中に映し出します。

夕方になればオレンジ色や赤い色の空がそこに映っていて、そして夜になれば満天の星がその水面に映し出されます。そんな鏡のような水面を3分間、イメージして眺め続けてみます。

イメージの途中で水面を波立たせたり、風を吹かせてそこに映る景色を変えたくなったりしてもかまいません。ずっと眺めているとまた再び鏡のような水面に戻り、周りの景色をそこに映し出していきます。

この朝のスイッチは「心を整える効果がありそう！」とか「どんな場面でも平常心でいられるトレーニングなのかも？」と思われるかもしれませんが、目的は「本来の自分を取り戻す」ということです。

「え？ 本来の自分ってただ周りの景色を見るだけの人なの？」とか「水みたいな人？」と思われるかもしれませんね。それは結構いい線をいっています。

✦自分の内面の「無」に身を委ねる

「本来の自分」とは「無」になります。

「無」は「何も感じていない！」という状態。どんなに大変なことがあっても、本来の自分は「無」だから「何も感じていない！」、感情的には決して波立っていない状態です。

「自分は常にざわついていて、いろんなことにビビっている」と思っていても、それはただ周りの景色を映し出しているだけで、本質的な自分は「無」で何も感じていません。

「お金がない！」とか「これから先どうしよう！」と心がざわついていて、ものすごく不安に感じているような時でも本来の自分は「無」ですから「本当は何も感じていない！」となっているのです。

ただ、「このスイッチを続けていって、もし本来の自分が何も感じていない無だったら何もしなくなってしまうのでは？」と思う人もいるかもしれません。

でも、**本来の自分に戻ったら、そこに映し出される周りの景色に合わせて自然と動**

いていけるようになります。例えば、周りの景色に合わせて「ワー！」とか「キャー！」などと動揺したフリをしていますが、内面は「無」ですから何も感じていなくて、その時の状況に合わせた適切なことを自然とできるようになります。

この朝のスイッチをルーティンとして続けていくと、だんだん「無」が深くなっていきます。

最初は「私はなんなんだろう？」と自分の存在意義について考えてみたりしたくなりますが、そのうちにそれも「無」になっていきます。

さらに続けていくと「考えもしないで自動的に楽しく動くことができる無」になって人生を自由に楽しめるようになる。「無」だから楽しめないのだと思っていたら、それは違っていて、「無」だから何をやってもよくて、どんなことでも楽しめる、という世界を垣間見ることができるようになるのです。

真っ暗な水面に光が差し人生が変わったYさん

Yさんは、人から羨ましがられるような職業に就いていていて、結婚をして子どももいるのですが「自分は何も成し遂げられていない」と悲観的に自分の人生を見ていました。職場の同僚は人気者だったり、お客さんから感謝されていたり、すごい論文を発表していたりするのですが「私には何もない」と思ってしまって、何もできない自分にイライラしてしまいます。

さらには、人気者になっている同僚に怒りを感じてしまい、感謝しないお客さんに対してても腹が立ってしまう。そんな感じになると「人のことを妬んで、陰で怒っている自分は醜い」と思ってしまい、ますます自分のことが嫌いになり、何もできない、何も成し遂げられない自分のことを消し去りたくなっていたのです。

友達にこんなことを相談しても、Yさんは、状況を淡々と説明してしまうので「たいしたことないんじゃない?」とか「考えすぎでしょ!」などとわかってもらえず、「やっぱり私が変に考えすぎなのかも?」とも思うのですが、「何も成し遂げていない」とか「何もできない」という感覚は消えることなく、常にYさんの頭にあって、そこから抜け出すことができなくなっていました。

そんなYさんが「鏡のような水面」のスイッチに挑戦してみることにしました。朝起きたらベッドに座って3分のタイマーをセット。「鏡のような水面」をイメージしてみます。

でもYさんには真っ暗で何も見えず、そのまま3分間が終わってしまいます。次の日も、また次の日も真っ暗なまま。「これじゃあ、私の人生と一緒じゃない！」と思った時、ふと気づいたのです。

「あれ？　もしかして、真っ暗を映し出している水面？」

「真っ暗なものを映し出しているのだったら、もしかしたら、これでいいのかも？」

と思ってYさんは「鏡のような水面」を3分間イメージし続けます。

するとある時、「あ！　光がさしてきた！」と水面に光がさして、その光を水面が映し出します。

そんなことを繰り返していたら、Yさんは、知らないうちにお客さんから感謝されるようになっていました。「あれ？　なんで？」と不思議に思ったYさんは、「以前から感謝されていたのに、それが嫌なことばかり考えていたので記憶に残らなかっただけなのか！」と気づきます。

また、「同僚はすごいな～」と思って自分はそのすごさに「嫉妬していた」と思っていたことも、「あの人、私に嫉妬していたんだ！」とわかるようになってきて「鏡のような水面」の意味がだんだんとわかってきました。

さらにこのスイッチを朝のルーティンとして続けていくと「先のことを考えなくなった！」と面白いことが起きます。

Yさんは「これから先、自分が何も成し遂げられないのかも？」と不安を先取りしていて「自分には何もない」と勝手に思ってしまっていました。

それが朝のスイッチで「本来の自分」になって「今」に注目をすることができたら「あれ？　私はいろんなものを映し出しているだけなんだ！」と自分に映し出される美しい風景に感動することができるようになります。

すると、Yさんが見ている周りの風景が変わっていき、そして、周りの人のYさんに対する印象もこれまでとは違ってきます。そして、Yさんは周りの人の印象に縛られずに自分らしく自由に生きることができて、毎日の仕事や家族との時間を楽しめるようになっていったのです。

Yさんは「無」になったら楽しめないのかと思っていたけれど、それは違っていて、「『無』になったほうがどんなことでも楽しめるって不思議」と、今でもずっとこの朝のスイッチを続けています。

おわりに

いかがでしたでしょうか？

現代を生きる私たちは何かしらの「生きづらさ」を抱えながら日々をすごしています。それは私も同じです。

例えば、子どもの頃は無邪気に遊んでいても、だんだん年齢を重ねていくと、人の目が気になりだし、自由に楽しく1日をすごすことが難しくなります。

それは幼い頃に感じていた「人は自分を温かく見守ってくれる」といった視線の感じ方が、大人になればなるほど「人は批判的で自由を奪うもの」へと変わってしまうからです。

そうした視線を感じると今度は「批判されないように」とか「馬鹿にされないように」と考えてしまい、常に緊張を強いられる状態となってしまいます。

こう考えてみると、私たちが感じている「生きづらさ」の多くは「自分が変わることで解消できるもの」であったりするわけです。
そのメソッドを本書にはたくさん詰め込んでみました。
本書に書かれてあるスイッチはどれも、それをやることで「自分の内面を見つめ」、「自分が変わり」、「周りが変わり」、そして「毎日がうまくいく」ということを基本としています。

なかには「えっ!」「ほんとうに?」なんて思うものもあったかもしれません。しかし、どれも難しくなく、短時間でできることなので、あなたが毎日に「生きづらさ」のようなものを感じているのなら、ぜひいろいろと試してみて欲しいと思っています。それでもし「自分に合わないな」と思うのなら、そのスイッチは「あなたが必要としていないスイッチ」なのでしょう。

冒頭でもお話ししましたが、「朝の『質』が1日を決める」、と私は考えています。「毎日がうまくいく朝のスイッチ」が世の中に「生きづらさ」を感じている多くの人の1日の「質」の高めてくれたなら、著者としてこんなにうれしいことはありません。

そうした「質のいい毎日」を送っていれば、いつしかあなたの人生は美しく、輝かしいものへと変わっていくことでしょう。

最後にそんなことを願いつつ、ここで筆をおきたいと思います。

無意識がみなさんとともにありますように。

2021年8月

大嶋信頼

著者紹介

大嶋信頼（おおしま・のぶより）

心理カウンセラー。米国私立アズベリー大学心理学部心理学科卒。

アルコール依存症専門病院、周愛利田クリニックに勤務する傍ら、東京都精神医学総合研究所の研究生として、また嗜癖問題臨床研究所附属原宿相談室非常勤職員として依存症に関する対応を学ぶ。嗜癖問題臨床研究所原宿相談室室長、株式会社アイエフエフ代表取締役を経て、現在、株式会社インサイト・カウンセリング代表取締役。短期療法のFAP（Free from Anxiety Program）療法を開発し多くの症例を治療している。

著書に『無意識さんの力で無敵に生きる』（青山ライフ出版）、『「いつも誰かに振り回される」が一瞬で変わる方法』『「すぐ不安になってしまう」が一瞬で消える方法』（以上、すばる舎）、『「気にしすぎてうまくいかない」がなくなる本』『片づけられない自分がいますぐ変わる本』（以上、あさ出版）、『「自己肯定感」が低いあなたが、すぐ変わる方法』（PHP研究所）、小説『催眠ガール』（清流出版）、『チクチク・いやみ・理不尽と感じる「ほんのひと言」に傷つかなくなる本』（大和書房）等多数。


毎日《まいにち》がうまくいく朝《あさ》のスイッチ　〈検印省略〉

2021年　8　月 13　日　第　1　刷発行

著　者――大嶋 信頼（おおしま・のぶより）
発行者――佐藤 和夫

発行所――株式会社あさ出版

〒171-0022 東京都豊島区南池袋 2-9-9 第一池袋ホワイトビル 6F
電　話　03 (3983) 3225 (販売)
　　　　03 (3983) 3227 (編集)
F A X　03 (3983) 3226
U R L　http://www.asa21.com/
E-mail　info@asa21.com
印刷・製本　神谷印刷(株)

note　http://note.com/asapublishing/
facebook　http://www.facebook.com/asapublishing
twitter　http://twitter.com/asapublishing

ISBN978-4-86667-302-8 C0030